9回裏無死1塁でバントはするな

――野球解説は〝ウソ〟だらけ

鳥越規央

SHODENSHA SHINSHO

祥伝社新書

まえがき

あなたがプロ野球チームの監督だったとする。1点差で負けている9回裏ノーアウトランナー1塁の場面で、どのようなサインを送るだろうか？

おそらく、「手堅く送りバント」という人が多いのではないか。だが、少なくとも統計学的な観点からは、送りバントは明らかに〝損な〟作戦である。

野球の試合において、セオリーとされている事柄は多い。アナウンサーや解説者がそのように言うから、一般の視聴者もそれが当たり前だと思っている。しかし、それらの行動や戦術には、はたして合理的な理由があるだろうか。「勘」や「感覚」だけで結論付けていないだろうか。

こうした疑問に、データ、つまり統計学的な観点から答えようとするのが、「野球統計学」や「セイバーメトリクス」と呼ばれる分野である。そのプレーが、得点ひいてはチームの勝利にどう結びついたのかを、数値で表わそうとする試《こころ》みだ。

私がセイバーメトリクスに取り組むようになったきっかけは、いくつかある。

1つ目は2006年に放送されたテレビ朝日のバラエティ番組「運命の数字」の企画で、「オリックスに移籍したばかりの清原和博《きよはらかずひろ》選手が古巣西武ドームで迎える開幕戦でホームランを打ったとき、どこで待っていればそのホームランボールをとれる確率が一番高いか?」を解明するように依頼されたことだ。

そして、清原がプロ入りしてから2005年シーズンまでに打った本塁打514本分の詳細なデータを分析した結果、清原のホームランボールが一番飛びやすい場所は飛距離113~115メートルで、方向はホームと2塁を結ぶ線を基準としてレフト方向に35~37度の角度であると推定された。

当初は「清原選手は右方向にホームランを飛ばす技術がすごいので、ライト方向にいく確率が高いのでは」と思われていたのだが、清原は右打者であるので、やはりホームランの飛ぶ方向はレフト側に多いことが判明した。人が持つ印象と実際のデータとの乖離《かいり》を感じさせる興味深い事象の1つである。

結局、清原は開幕戦でホームランを打つことはなかった。しかし、4月14日、スカイマークスタジアムで放ったその年の1号ホームランは、我々がシミュレーションではじき出した場所に向かって飛んでいったのである。

もう1つの転機は、2007年のスタンフォード大学への留学中に出席したアメリカ野球学会（Society for American Baseball Research）である。この学会の略称が「SABR」。これをセイバーと発音する。つまり、セイバーメトリクスの語源となった学会なのである。

セントルイスのシンボル、ゲートウェイアーチのほど近くにあるホテルのワンフロアを貸し切って行なわれた学会には、アメリカ全土から集まった700人以上の「野球オタク」がところ狭しと集《つど》い、野球談義に花を咲かせていた。

セイバーメトリクスに関する最新の理論の発表が行なわれ、闊達《かったつ》な議論が展開されているのを目の当たりにした私は、セイバーメトリクスの最先端を身をもって体験した。参加者はセイバーメトリクスを専攻する統計学者のみならず、医者、IT企業経営者、作家、新聞や雑誌の記者など多様な職種の人たちであり、アメリカにおけるセイバーメトリクスの裾野《すその》の広さを実感した。

こうして、セイバーメトリクスや野球以外のスポーツ統計学の研究にのめりこんでいったのである。

本書では、これまでの研究成果をまとめ、「データを通じてプロ野球を観る」という、今までとはひと味違う観点からのプロ野球の楽しみ方を紹介している。冒頭の「送りバント」の話は、その一例である。

これまでのセオリーとは異なっていて違和感を覚える部分もあるかもしれないが、数字によって導きだされるプロ野球選手のプレーのすばらしさや采配《さいはい》の妙を感じ取っていただければ幸いである。

2011年2月

鳥越《とりごえ》 規央《のりお》

目次

図版制作——ダックス

データ提供——データスタジアム株式会社

序章

野球のセオリーは本当か？

――セイバーメトリクスで
見えてくる「真実」

データが覆《くつがえ》した常識

プロ野球における采配に統計学的根拠を与えようとする試みは、1970年代にアメリカで本格的に始まった。野球の試合をその数値データから客観的に分析し、選手の評価や戦略を研究する手法を「セイバーメトリクス」という。

当時、野球ライターで野球史研究家であったビル・ジェームズが提唱したのが発祥とされている。その語源は71年にボブ・デイビットによって設立された「Society for American Baseball Research（アメリカ野球学会）」の略称のSABRを「セイバー」と呼称することにある。

野球を数学的、統計学的に分析する研究は70年以前にも行なわれている。61年にジョージ・リンゼイがアメリカ統計学会誌に、イニングごとの得点の数理モデルに関する研究論文を執筆している。この研究は、その後のセイバーメトリクスの理論構築の礎となっている。

実は、日本においても70年代後半に、野球における数理モデルに関する論文を執筆した研究者がいる。それが鳩山由紀夫《はとやまゆきお》前首相である。東京工業大学の助手時代に「野球のOR（オペレーションズ・リサーチ）」というテーマで発表したもので、その内容はビル・ジェームズの主張を検証したり、打者の評価指標であるOERA（Offensive Earned Run Average）を紹介している。

しかし、アメリカにおいても、セイバーメトリクスの理論が最初からメジャーリーグに受けいれられたわけではない。それは、ビル・ジェームズが77年に自費出版した小冊子『野球抄1977――知られざる18種類のデータ情報』に記された分析が、バントや盗塁の効果を否定するなど、従来の常識を覆すようなものだったからである。だが、版を重ねるごとに購読者が増え、データを通じて野球を楽しむファンが増えていった。

そして、97年にオークランド・アスレチックスのゼネラルマネージャーとなったビリー・ビーンがセイバーメトリクスを活用したスカウティングシステムによって選手を集め、低予算で効率よく勝てるチーム作りを行なった。

その運営戦略がマイケル・ルイスの著書『マネーボール　奇跡のチームをつくった男』によって紹介されると、メジャーリーグの他の球団も、それに追随する形でセイバーメトリクスを受けいれていったのである。

セイバーメトリクスはどのように活用されているか

セイバーメトリクスの成果は、現在、メジャーリーグで積極的に採用されている。その主な目的は、①選手の価値分析、②選手の能力評価、③選手の将来（成長）予測、の3つである。

選手の価値や選手の将来予測の分析手法は、主に球団フロント側によってスカウティングや年俸評価に利用されている。そして、選手の能力評価の分析手法は主に監督側によって、試合中の選手起用や戦術立案の理論的裏付けに利用されている。

例えば、打者を評価するときに、打率や打点だけで本当に正当な評価ができるだろうか。セイバーメトリクスでは、打者の得点能力を測る「RC」という指標や、「WPA」という試合への勝利貢献度を示す指標などを用いる。

「RC」から派生した「RC27」という指標は、ある選手が1番～9番までの打順をすべて1人で打ったと仮定したときに1試合で得られる点数の期待値を示したものである。

「ＷＰＡ」は、試合において、その選手のプレーがチームの勝利確率をどれだけ変化させたかによって算出される。この指標は、選手のゲーム貢献度を示すものとして有用である。

試合序盤のヒットと、終盤で勝利を決定づけるヒットでは、その重みが違うのは感覚的にもわかる。しかし、打率や安打数、打点といった個々の数字だけでは、必ずしもそれは反映されない。ＷＰＡは、この違いを定量化するものだといえる。

あるいは、選手の市場価値を評価するために、「ＷＡＲＰ」という指標を用いる。ＷＡＲＰは、同じポジションの控え選手と比較して、チームに何勝分の貢献をしたかを示す指標である。このＷＡＲＰに、勝利数が1増えるごとにチームの売上げがいくら増えるかを乗じることで、その選手の市場価値を計算するのである。

さらに、選手の将来（成長）予測についても、ＩＴ技術を駆使したさまざまなシステムが開発されている。

このように、野球の采配や戦術について、「感覚」だけで語ることは、もはや古いといわざるを得ない。野球の進化は、プレーする選手の技術だけでなく、戦術や選手の評価という側面でも日進月歩なのである。

「まえがき」でも述べたとおり、これまで「セオリー」として語られてきたものを、統計学的観点から検証してみると、必ずしも合理性のあるものばかりではないことがわかる。以下の章で、さまざまな場面における「セオリー」を題材に挙げて見ていこう。

第 1 章

9 回裏無死 1 塁でバントをしてはいけない

——攻撃編

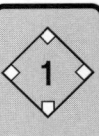

1 1点差の9回裏ノーアウト1塁でバントをすべきか

アウト1つの重みを考える

実況「9回裏、1点を追いかける状況で、まず先頭打者が出塁しました。さぁ、次のバッターに期待することはなんでしょう?」
解説「まずは手堅くバントでランナーを2塁に送ることでしょうね」

プロ野球中継では、このような実況や解説を聞くことが多いと思う。試合を見ている私たちも、何度も聞かされて、それが当たり前だと思っているのではないか。
確かに、犠牲バントは、ランナーを2塁に送ることによって、次の打者が外野に打球を運べばランナーが生還できる可能性が高くなるので、点が入りやすい状況にしているといえる。

しかし、ここで逆に考えてみよう。犠牲バントは、その名のとおり、バッター自身は「犠牲になる」、つまりアウトになることを前提としている。

すなわち、犠牲バントという作戦は、ランナーを進塁させるためにアウト１つを守備側に与えていることになる。この「試合終了になるまでのアウトカウントを１つ少なくしている」という側面は、しばしば見逃されがちである。

仮に、次のバッターがヒットを打てば、アウトなしで進塁できる。にもかかわらず、むざむざとアウト１つを献上することが本当に正しいことなのか。これまで、その損得勘定についてあまり議論されていなかったように思える。

話は少し逸《そ》れるが、野球というスポーツを定義するとしたら、どうなるだろう。

ピッチャーが投げて、バッターが打ってランナーが進塁し、得点を競うスポーツだという答えも、決して間違いではないが、それだけでは十分ではない。野球において、重要なのは、アウトカウントによって試合が進むということである。

つまり、野球とは27個のアウトをとられる前に多くの得点を稼ぎ、失点を抑えながら相手側から27のアウトをとっていく、そして最終的には相手よりも多くの得点を獲得すれば勝利できるスポーツである。

そして、試合中に行なわれるプレーがどれだけチームの勝利に貢献できるかという視点で捉えることは、野球を統計学的に考える上で重要である。これはアメリカのセイバーメトリクスの祖と言われるビル・ジェームズが1977年に出版した小冊子『野球抄1977――知られざる18種類のデータ情報』の中でも提唱している。

見た目に派手なプレーは人の心に残りやすいが、地味でも勝利に有効なプレーをデータから導きだし、数値として残してあげることが、選手や作戦を正当に評価することにつながる。

では、統計学的に見て、犠牲バントが良い戦術といえるのだろうか。今、「良い戦術」と書いたが、これは実は曖昧《あいまい》な言葉である。

野球は点を取るゲームであるから、単に、その回に1点を取るためにすべきことという考え方もないではない。ただ、それが結果的に勝利につながっているかが、最も重要なことである。つまり、1点を取る確率を上げるために、アウト1つを献上する

表1　後攻チームが1点差で負けている状況での勝利確率

（単位：%）

	1回	2回	3回	4回	5回	6回	7回	8回	9回
ノーアウト ランナー1塁	47.6	47.4	47.0	46.4	45.6	44.2	41.9	38.0	32.1
1アウト ランナー2塁	46.2	45.9	45.4	44.7	43.7	42.0	39.4	35.1	28.4

ことが、はたして勝敗にどのように影響を与えているのかを考えなければならない。ここでは「良い戦術」の基準を「そのプレーによってチームの勝利確率を上げる効果がある」というものにしよう。すると、今まで当たり前だと思っていた、バントの効果に対する見方が大きく変わってくる。

ここに紹介する数字は、２００４年から２００９年の日本プロ野球（ＮＰＢ）のデータを用いて算出した、「アウトカウント、塁状況、点差などのシチュエーション別勝利確率」である。

表１では後攻チームが1点差で負けているときの各イニングにおける、ノーアウト

ランナー1塁での勝利確率と1アウト2塁での勝利確率を比較している。

それによると、後攻チームが9回裏に1点差で負けていて、ノーアウトランナー1塁という状況での勝利確率は32・1%である。そして、犠牲バントを成功させて1アウトランナー2塁という状況にしたときの勝利確率の方は28・4%である。

つまり、犠牲バントを成功させることは、結果的に、勝利確率を約4%も下げているのである。これでは有効な戦術といえないであろう。むしろ、進塁のメリットよりアウトカウントを1つ多くするデメリットの方が大きい戦術なのである。

犠牲バントが有効なシチュエーションはあるか

では、「犠牲バント」はまったく勝利に貢献しない作戦なのだろうか。他のイニングではどうなのかを見てみよう。

同じく表1を見ると、送りバントの結果は、どのイニングにおいても、軒並《のきな》み勝利確率を減らしていることがわかるし、イニングが進むにつれてその減り幅も大きくなっている。これでは犠牲バントという戦術が「良い戦術」であるとは言いづらい。

表2　同点の状況での後攻チームの勝利確率

（単位：%）

	1回	2回	3回	4回	5回	6回	7回	8回	9回
ノーアウト ランナー1塁	58.4	58.9	59.5	60.3	61.3	62.7	64.6	67.3	71.9
1アウト ランナー2塁	57.2	57.6	58.2	59.0	59.9	61.4	63.4	66.3	69.6

　さらに、他の状況を見てみよう。表２は、同点時におけるイニングごとの勝利確率の変化である。ここからわかるように、同点の状況でも、すべてのイニングで勝利確率を減らしている。さらに、これは、２点差以上で負けているときも、同様のことがいえる。では、ランナーが2塁にいて３塁に進塁させる犠牲バントについてはどうであろうか。表３、４をご覧いただきたい。

　これを見ると、唯一、犠牲バントを成功させることによって勝利確率を上げられる状況がある。それは、同点で、９回裏ノーアウトランナー２塁という状況である。

この状況では、アウト1つを献上してもランナーが3塁にいれば、次の打者はヒットのみならず、犠牲フライでランナーを帰還させることができる。その得点はチームの勝利を決定づけるものである。犠牲バントという戦術が有効であるといえよう。

余談ではあるが、ソフトボールでは7回（最終回）終了時に両チーム同点の場合、8回以降のイニングでは、ノーアウトランナー2塁から開始するという「タイブレーク」制度を導入することがある。その際、先頭打者が犠牲バントでランナーを3塁に送る戦術が多く用いられている。ある意味、理にかなった戦術といえよう。

これまで述べてきたことについて、私があるラジオ番組で語ったとき、パーソナリティから、

「では、プロ野球で選手がバント練習をすることに意味はあるのでしょうか？」

と聞かれたことがある。そのとき私はこう答えた。

「最初から相手側にアウトを与えることを約束しているようなバントに、意味がないといっているのです。守備側がダブルプレーを狙っているときに奇襲でバントを行ない、打者も1塁で生きるバント（セーフティバント）であれば、勝利確率も上がりま

表3　後攻チームが1点差で負けている状況での勝利確率

（単位：%）

	1回	2回	3回	4回	5回	6回	7回	8回	9回
ノーアウトランナー2塁	50.2	50.1	50.0	49.8	49.4	48.7	47.6	45.5	42.1
1アウトランナー3塁	48.3	48.1	47.8	47.5	46.8	45.9	44.3	41.6	37.4

表4　同点の状況での後攻チームの勝利確率

（単位：%）

	1回	2回	3回	4回	5回	6回	7回	8回	9回
ノーアウトランナー2塁	60.9	61.5	62.4	63.4	64.9	67.0	69.9	74.0	78.3
1アウトランナー3塁	59.2	59.8	60.6	61.7	63.1	65.2	68.2	72.7	79.1

すから、そういう狙いでバントの練習をするのであれば意味はあります」

そういった矢先、次のようなプレーを見かけた。

2010年8月24日の巨人－中日戦で、8回裏5対4で巨人が1点リードで攻撃中の場面、1アウトランナー1塁という状況で6番打者のエドガーは1ストライク・ノーボールからの2球目に、セーフティバントを行なったのである。

これには相手守備陣も意表をつかれ、ピッチャーの清水昭信《しみずあきのぶ》の失策を誘う形になり、1アウトランナー1・2塁とチャンスを広げることになった。このプレーにより、巨人は勝利確率を2％上げることとなり、バントの成果が得られたことになる。

あるプロ野球投手経験者に聞いた話によれば、「犠牲バントは投手にとって、こんなありがたい戦術はない」ということらしい。実は、プロ野球の実況中継の中でも、投手経験者で同様のことを語った解説者もいるのである。

その理由として、
(1) アウトカウントが増える。
(2) 1塁が空くので、四死球のリスクを感じることなく思い切り投球できる。

などを挙げていた。ただ、この話題を実況アナウンサーが広げてくれたという記憶があまりない。

データで見るかぎり、犠牲バントは勝率を上げる「良い戦術」ではない。こうしたセイバーメトリクス的な考え方が浸透しているメジャーのチームでは、犠牲バントの数は圧倒的に少ない。犠牲バントをするにしても、最初からバントの構えをしていることはほとんどない。２０１０年シーズンにおいて犠牲バントが最も多かった野手は、シアトル・マリナーズの２番打者（つまりイチローの次の打者）、ショーン・フィギンズで、記録は17であった。

にもかかわらず、日本の野球では犠牲バントという戦術が多用されているが（日本の２０１０年最多記録は阪神・平野《ひらの》恵一《けいいち》の59）、これはアマチュア野球、特に高校野球に起因するのではないかと思っている。

そのことについては後述するが、その他にも、投手がアウトをもらえるありがたみを知っていて、あえて犠牲バントの非有効性を語らないのでは、と勘ぐってもいる。

2 「左打者には左投手」は本当に有効か

左打者は本当に左投手が苦手？

実況「ここから左打者が3人続くところで、監督、投手交代を告げました。どうやらサウスポーを投入するようです」
解説「やはり、左打者には、左投手が有効ですからね」

このような実況も、非常に馴染《なじ》み深い。

実際、右投手には左打者、左投手には右打者が有利（その逆もしかり）という考え方は、洋の東西を問わないで見られる。

2010年シーズンのロサンゼルス・エンゼルスの松井秀喜《まついひでき》が、左投手の試合には先発しない、もしくは左投手になった瞬間に代打を送られる場面はよく見られた。データで見ても、２０１０年の松井の対右投手打率が２割８分９厘であるのに対し、対左投手打率が２割３分６厘であるので、やむを得ないだろう。

また阪神タイガースのブラゼルは、２０１０年シーズンの打率が２割９分６厘であるが、対右投手打率が３割２分７厘であるのに対し、左投手からは２割４分１厘しか打率を残していない。２０１０年にブレイクしたオリックス・バファローズのＴ－岡《おか》田《だ》も対右打率３割６厘に対し、対左打率は２割４分７厘である。

もっと顕著《けんちょ》な例では、千葉ロッテマリーンズの福浦和也《ふくうらかずや》は、右投手からは３割１分８厘の打率を残しているのに対し、左投手相手では１割８分２厘と極端に低い打率しか残していない。

確かに、左投手を苦手とする左打者は、一流選手においても多いようである。

しかしながら一方で、

「この左打者は、あまり左投手を苦にしないんですよね」

という解説も聞くのである。左打者が続く場面で、左投げのリリーフを送ることはセオリーのようになっているが、左投手を得意とする左打者に対しては、当たり前だが、その効果はないといわざるを得ない。

表5－1のデータは、2009年度の打撃成績で、右投手よりも左投手相手の成績が良かった左バッターの一覧である。

これらの選手はこの年、左投手成績が3割を超えていて、左投手を苦にしないタイプというよりは「左投手の方が得意」という打者だといえよう。

特に埼玉西武ライオンズの栗山巧《くりやまたくみ》に至っては、左投手成績が3割5分なのに、右投手成績が2割3分5厘と並の成績以下である。トータルで見れば2割6分7厘なので、逆に右投手を克服することが3割打者へのカギとなっていた。

その翌年、栗山は右投手成績 351打数112安打の3割1分9厘、左投手成績 203打数60安打の2割9分6厘でトータル3割1分となり、2年ぶりに3割打者に返り咲いたのである。

「左投手の方が得意」とまではいかなくても、「左投手を苦にしない」選手もいる。

表5－2のデータは2010年度の打撃成績で、右投手よりも左投手相手の成績が良

表5-1　対右投手より対左投手の成績が良い左バッター（2009年）

	左投手				右投手			
	打数	安打	打率	HR	打数	安打	打率	HR
ローズ（オリックス）	89	32	.360	10	206	59	.286	12
栗山（西武）	160	56	.350	5	409	96	.235	7
小笠原（巨人）	198	69	.348	10	316	90	.285	21
稲葉（日ハム）	171	59	.345	3	329	91	.277	14
草野（楽天）	161	52	.323	2	301	89	.296	5
阿部（巨人）	163	52	.319	12	246	68	.276	20
天谷（広島）	107	34	.318	2	210	61	.290	3

表5-2　対右投手より対左投手の成績が良い左バッター（2010年）

	左投手				右投手			
	打数	安打	打率	HR	打数	安打	打率	HR
平野（阪神）	163	65	.399	0	329	107	.325	1
川﨑（ソフトバンク）	217	74	.341	1	385	116	.301	3
ホワイトセル（ヤクルト）	62	23	.371	4	168	48	.286	11
坂口（オリックス）	195	63	.323	1	363	109	.300	4
小笠原（巨人）	193	60	.311	8	317	97	.306	26
本多（ソフトバンク）	188	61	.324	0	376	106	.282	3
稲葉（日ハム）	207	61	.295	5	323	91	.282	11
阿部（巨人）	199	59	.296	18	299	81	.271	26

かった左バッターの一覧である。

小笠原道大《おがさわらみちひろ》、阿部慎之助《あべしんのすけ》（巨人）、稲葉篤紀《いなばあつのり》（北海道日本ハム）といった打者は、2年連続で対左投手の方の打率が高いのである。これらの打者はまさに「左を苦にしないタイプ」の打者といえよう。

ちなみに、2010年度に通算2度目のシーズン200安打以上を達成した青木宣親《あおきのりちか》（東京ヤクルトスワローズ）は、対右投手打率3割6分6厘に対し、対左投手打率3割4分4厘と右投手成績が良い打者である。

しかし、3割4分4厘という打率は「苦手」という範疇《はんちゅう》ではないくらい高い打率であるので、青木も左を苦にしないタイプの打者といっても過言ではない。

このように見てくると、意外にも左を苦にしない左打者は多いのではないかとも思えてくる。

さて、では一般的に左打者は右投手より左投手の方が打ちにくいといえるのであろうか。それを統計学的に検証してみる。表6は、2005年から2009年シーズンまでの左右別対戦成績を集計したものである。

表6　2005年～2009年シーズンの左右別打撃成績

打者	投手	打　数	安　打 打　率	出塁率	長打率
左	右	90994	24704 .271	.335	.404
	左	30299	7936 .262	.326	.376
右	右	110239	28429 .258	.315	.393
	左	57980	15396 .266	.329	.409
計		289512	76465 .264	.325	.398

（内訳）

打者	投手	二塁打	三塁打	本塁打	四　球	死　球	犠　飛
左	右	4276	522	2251	36777	8108	843
	左	1176	119	683	11399	2503	496
右	右	5016	379	3057	43374	8091	1451
	左	2915	190	1683	23740	5119	524
計		13383	1210	7674	115290	23821	3314

このデータから見ると、左打者の左投手に対する打率は2割6分2厘であり、右投手に対する2割7分1厘に比べると低い値になっている。これを統計学的に検定すると「p値（統計学上、偶然ではなく意味のある差であるかどうかを測る値）」が0・00006となり、有意な差があることがわかる。

やはり、データから見ても左打者は、右投手よりは左投手からヒットを打つ確率は低いといえるのである。その他、出塁率や長打率の観点からも左打者が右投手より左投手の方を苦にしていることが見てとれる。

一方、右打者はどうか。右投手の方が多い中で野球をやっているのだから、むしろ右投手の方になれているのではないかとも感じられるが、右打者に関しても統計学的検定によって、左投手よりも右投手からヒットを打つ確率が低いことがいえる。

このように、左打者に対して左投手をあてることは、単純に考えれば効果がありそうである。

だが、実際には先に見たように、左投手を苦にしないタイプもいたりするので、采配《さいはい》する際には結局のところは個々のデータを注視しなければならないだろう。単に左

表7　2010年日本シリーズ　中日のオーダー

打順	第2戦のオーダー		第1戦のオーダー	
1	荒　木	左	荒　木	左
2	井　端	右	英　智	右
3	森　野	左	森　野	右
4	和　田	右	和　田	右
5	ブランコ	右	ブランコ	右
6	野　本	左	井　端	右
7	谷　繁	右	谷　繁	右
8	大　島	左	藤　井	両
9	チェン	左	吉　見	右

打者に左投手というわけにはいかないのである。

中日落合監督の眼力

最近こういった例があった。2010年の日本シリーズ（中日ドラゴンズ対千葉ロッテマリーンズ）第2戦において、中日の落合博満《おちあいひろみつ》監督は表7のようなオーダーを組んだ。

前日の第1戦は2対5で落としており、ここで負けてしまうと本拠地で2連敗という苦しい状況になる。そこで、第1戦で調子の悪かった藤井淳志《ふじいあつし》と英智《ひでのり》をオーダーからはずし、第2戦では左打者の野本圭《のもとけい》と大《おお》島洋平《しまようへい》が起用された。

当初、この交代は、千葉ロッテの第2戦の先発を右の下手投げ投手、渡辺《わたなべ》俊介《しゅんすけ》と読んだことによる起用と思われていた。だが、実際の千葉ロッテの先発は左投手のマーフィーであった。「落合監督は、先発を読み違えたのか？」と誰もが思った。

しかし、この起用は、落合監督の眼力によるものだったと報じられている。

まず監督は、試合前の打撃練習を見て2人が好調であると判断し、起用した結果、シリーズ初出場となるこの2人の若人《わこうど》は、その期待に応えることになる。

2対0の中日リードで迎えた1回裏2アウト満塁の場面で、8番の大島はレフトへ2点タイムリー2塁打を放ち、4対0と序盤のリードに貢献する。また6番の野本も、6対0で迎えた2回の裏2アウトランナー2塁の状況で、レフトへのタイムリーヒットを放ち7対0と試合を決定づける。

結局、この試合は12対1と中日が圧勝し、1勝1敗のタイに持ち込んだ。

試合後、落合監督曰く「誰が使えて、誰が使えないか。シリーズは7試合しかない。状態が上がるのを待っていられないから、調子のいい選手から使っていかない状態が悪いヤツをいつまでも使いつづける必要はない」とのことだった。

しかしながら、このようなデータも存在していた。実は、マーフィーの被打率は対右打者が２割１分９厘であるのに対し、対左打者が２割８分７厘だったのである。２人の起用の判断材料として、ひょっとしたらこのようなデータを活用していたのかもしれない。

3 「バッティングカウント」はあるか？

実況「ボールカウントは1ストライク・2ボールとなりました」
解説「バッティングカウントになりましたねぇ」

ともすれば聞き流してしまうが、改めて考えてみると、正直「バッティングカウント」とは何ぞやという疑問が思い浮かぶ。

バッティングカウントとは、打者にとって有利なカウントのことであろうか。それとも打者が打ちやすいカウントのことであろうか。

打者にとって有利なカウントとは、どう考えてもノーストライク・3ボールだろうから、そういう意味ではないだろうし、「打者が打ちやすい」というのが心理的な意味での打ちやすさということであれば、それが科学的、統計学的根拠に基づくものかどうかは定かではない。

そこで、その定かではないことを統計学的に検証してみよう。

まず、ボールカウント別の勝利確率の大小を比較する。確率が大きい方から並べると（ストライク－ボールの順）、

0–3
1–3
0–2
0–1、1–2、2–3
（この３つはほぼ同確率）
0–0
1–1
1–0、2–2
（この２つはほぼ同確率）
2–1
2–0

となる。

例えば９回裏同点、２アウト満塁という状況において、ボールカウント０－０での勝利確率は69・０％であるが、０－３では89・２％であり、２－０では60・６％である。

つまり同じ打席でも、勝利確率には30%近い幅が存在する。また２－３では73・１%である。

では、12通りあるボールカウントの中で一番打率が高いのはどれであるかを、データから検証する。２００９年シーズンにおける各ボールカウントの打率を比較したとき、一番打率が高かったのは、なんと０－３である。

表８を見てみると、０－３からの打率はなんと４割を超えているのである。次いで１－３、０－２であり、１－２からの打率は３割５分４厘である。総じてボールがストライクよりも多いカウントでの打率が高いことが見てとれる。

上位５つはすべてボール先行であり、そのあと０－０、１－１という並行カウントのときの打率が高くなっている。さらに注目してもらいたいのが、下位４つはすべて２ストライクをとられているときである。２－３のときで２割３分５厘であり、２－０に至っては１割５分もないのである。

これらのデータからいえることは、ある種当たり前のことであるが、打者は２ストライクをとられてしまうとかなり不利な状況になるので、カウントが浅いうちにボー

表8　ボールカウント別の打率とバッティングトライ率（2009年シーズン）

カウント（S-B）	打　率	バッティングトライ率
0−3	.419	8.5%
1−3	.369	51.0%
0−2	.364	36.6%
1−2	.354	59.6%
0−1	.348	42.1%
0−0	.339	28.9%
1−1	.332	54.5%
1−0	.318	41.5%
2−3	.235	78.2%
2−2	.200	88.0%
2−1	.181	90.0%
2−0	.149	80.9%

ノーストライク・3ボールのときの打率が最も高く、以下基本的にストライクが増えるほど打率は低くなっている。

※バッティングトライ率とは、安打・失策出塁・凡打・犠打・犠飛・空振り・ファールといった、投球を打とうと試みた比率

ルを見極め、勝負をかけることが得策である。

ノーストライク・3ボールからの打率が4割あるというのは、統計的な事実である。しかし、「ノーストライク・3ボールからだと、ど真ん中どストレートの球が来ても、反応していないことが多いように思えるのに、そんな高打率が残せるのか？」という疑念も起こるだろう。

確かに0－3からバッティングを試みようとした確率は8・5％で、非常に低い。残り91・5％は見逃しているのである。ちなみに見逃した投球がストライクになる確率は56・3％で、故意死球を除く四球となる確率は34・3％である。

いわゆる「1球見る」ことは、決して得策とはいえない。にもかかわらず、見てしまうのは、打者の心理に原因があると考えられる。

0－3という打者にとって最も有利な状況になったのに、「ストライクを打ち損じてしまったらどうしよう」とか、「次も待てばストライクが入らず、労せずして出塁できるのでは」という消極的な気持ちが働いてしまうのは、勝利確率の損得勘定からすれば、いかんともしがたいものである。

だが、ヒットを打てる確率が高いという意味での「バッティングカウント」は、間違いなく0－3であり、ストライクをとられるほど、その確率は低くなるのである。冒頭の解説者の言う「バッティングカウント」に根拠はないといえる。

0－3という「バッティングカウント」でのストライクを的確に捕え、ヒットに結びつける技術を高めれば、より勝利に貢献できる選手となるのではないだろうか。

4 たたきつけるバッティングはヒットを生みやすいか

「たたきつけるバッティング」を推奨する実況や解説をよく聞く。プロ野球のみならず、少年野球に入るとまず徹底して教え込まれるのは、たたきつけるバッティングだ。

フライになりやすいアッパースイングよりも、ゴロになりやすいダウンスイングの方がヒットになる可能性が高いというのは、感覚的には間違っていないように思える。ただ、力のない子どもたちならまだしも、プロ野球選手は遠くまで飛ばす力を持っているし、単にゴロを転がしても守備の能力も高いはずだ。

プロ野球においても、はたしてたたきつけるバッティングはヒットを生みやすいのだろうか。それを検証するために「GB/FB」という指標を用いてみよう。

GB/FBとはゴロとフライの比率のことで、ゴロとフライが同数であれば1、ゴ

表9　イチローのGB/FBと安打数

	GB/FB	安打数
2002	2.59	208
2003	1.85	212
2004	3.55	262
2005	2.20	206
2006	1.83	224
2007	2.39	238
2008	2.54	213
2009	2.12	225
2010	2.26	214

ＧＢ／ＦＢはゴロとフライの比率。ゴロとフライが同数であれば１、ゴロがフライよりも多ければ１より大きい値となる。

※数値はFANGRAPHSウェブページ（http://www.fangraphs.com/statss.aspx?playerid=1101&position=OF）より

ロがフライよりも多ければ1より大きい値となる。つまり、たたきつけるバッティングをすれば、この値が1より大きくなるはずである。ではこのGB／FBと打率になんらかの関係性があるのだろうか。

パワー重視のメジャーでは、この値が1より少ないことが良い打者だとされるようであるが、シアトル・マリナーズのイチローは、それにはあてはまらないようだ（表9）。

262安打のメジャー記録を作った2004年シーズンのGB／FBはなんと3・55であり、フライの3・5倍のゴロを打ったことになる。これを見ると、たたきつけるバッティング、つまりゴロを打つバッティングがヒットを生み出すように思える。

では、他のバッターではどうだろうか。日本のプロ野球のデータから考察してみる。２０１０年シーズンで２００回以上打席に立った打者１２５人を対象に、ＧＢ／ＦＢと打率に相関があるかどうかを検証する（表10）。

表10－1はＧＢ／ＦＢと打率の相関図であるが、この表から見ても、ＧＢ／ＦＢと打率には相関は見受けられない。ちなみに相関係数は０・11である。つまりゴロを多く打ったからといって、打率が飛躍的に伸びるとは限らないのである。

さらに、次のデータを見てみよう。

表10－２は、ＧＢ／ＦＢと長打率との関係を示したものである。表からは、ＧＢ／ＦＢと長打率には負の相関があるように見受けられる。なお、相関係数はマイナス０・５くらいであった。つまり、フライの比率が上がるほど、長打率が高くなる傾向が若干ではあるが見てとれる。

結局、長打や本塁打を打つためには、ゴロよりもフライを狙って打たなければならないのは当然のことだが、逆に、ゴロを狙うことで打率が飛躍的に増加するかという

表10-1　GB/FBと打率の関係

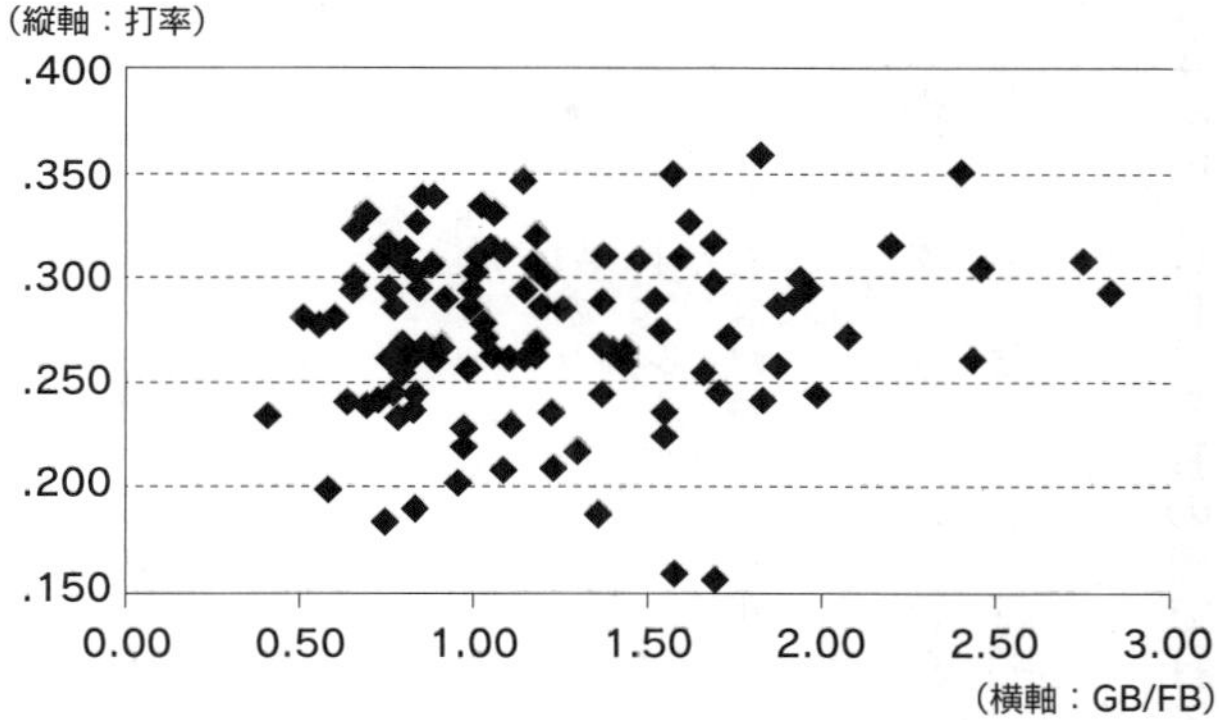

表10-2　GB/FBと長打率との関係

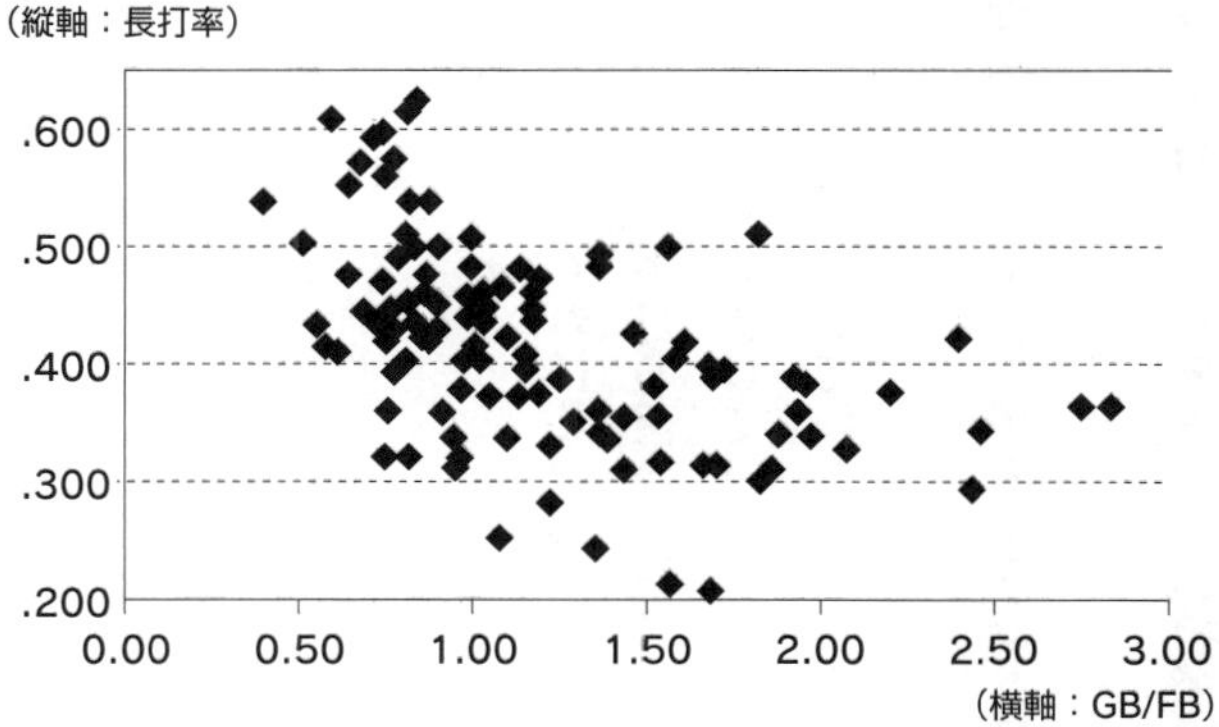

打率、長打率とGB/FB（ゴロを打つ割合）との関係を示した図。長打率が高い選手のGB/FBは低い（ゴロが少ない）傾向にあるが、GB/FBが高い（ゴロが多い）からといって打率が高いとはいえない。

と、そのようなことはデータから見るかぎりでは、ないようである。

しかしながら、イチローのように、動体視力や走力といった身体能力が高く、自身のストライクゾーンが広く、バットコントロールも良い、そういった打者であれば、グラウンダーのボールを狙って打つことによって、ヒット数を稼ぐことができるのではと想像する。

ただこれは明らかにホームランを意識していないバッティングともいえるので、パワープレイを好むメジャーのファンからは賞賛を得られにくいのかもしれない。

日本でバットコントロールの良い打者で知られた中日の落合監督は、現役時代「ホームランを狙わなければ、毎年4割を残せるよ」と豪語していたが、これはホームランを狙うことによって生じる打率の低下のことを言及していたものと思われる。そのクラスのバッターならではの言葉といえよう。

実際のプレーにおいては、打順による役割、打者走者の足の速さなどによって、ゴロ狙いのバッティングもさもありなんといったところだろうか。

ちなみに、GB／FBの値で打者をクラス分けしてみると、やはり各チームの1、

表11　各チームの1、2番打者のGB/FB（2010年シーズン）

1番打者

	GB/FB	打　率	HR
荒木（中日）	1.13	.294	3
マートン（阪神）	1.56	.349	17
坂本（巨人）	0.51	.281	31
青木（ヤクルト）	1.83	.358	14
東出（広島）	1.39	.267	1
内川（横浜）	1.04	.315	9
川﨑（ソフトバンク）	1.69	.316	4
片岡（西武）	0.83	.295	13
西岡（ロッテ）	1.13	.346	11
田中（日本ハム）	1.01	.335	5
坂口（オリックス）	1.46	.308	5
聖澤（楽天）	1.93	.290	6

2番打者

	GB/FB	打　率	HR
大島（中日）	1.87	.258	0
平野（阪神）	2.40	.350	1
松本（巨人）	1.89	.287	0
田中（ヤクルト）	1.94	.300	4
梵（広島）	1.17	.306	13
石川（横浜）	2.84	.294	0
本多（ソフトバンク）	1.96	.296	3
栗山（西武）	1.59	.310	4
今江（ロッテ）	1.05	.331	10
森本（日本ハム）	2.08	.272	2
荒金（オリックス）	0.85	.269	3
渡辺（楽天）	1.44	.265	0

2番を任される打者はGB／FBの値が高く、クリーンナップを担当する打者はその値が低いという傾向となっている。

2010年の各チームの1、2番打者のGB／FBを示したのが表11である。

2010年に200本安打を達成した青木（東京ヤクルト）、マートン（阪神）、西《にし》岡剛《おかつよし》（千葉ロッテ）はシーズンの大半で1番打者を任されているが、彼らのGB／FBの値は1より大きい。

しかし、巨人の坂本勇人《さかもとはやと》は、シーズンを通じて1番を任されることの多い打者ではあったが、2010年シーズンのGB／FBの値はなんと0・51であった。これは、その年の200打席以上のキャリアをもつ打者の中でも、中村剛也《なかむらたけや》（埼玉西武）に次いで2位の低さである。

意外な感じがするが、実はこれまでも坂本は、ゴロよりもフライを打つ比率が高い選手だったのである。

2008年シーズンは0・847で2009年シーズンは0・745となっており、2010年はそれよりさらにフライ打ちが顕著になっている。シーズン終盤に打撃成績を落とすと、マスコミからは「ポップフライ病」などといわれていた。

一方、それに伴って長打率が３割５分３厘、４割６分６厘、５割４厘と年ごとに増えている。ちなみに本塁打も８、18、31と飛躍的に伸びている。

5 「打点」では選手の得点能力は測れない

プロ野球選手で「得点能力」のある選手とは、いったいどのような選手のことを指すのであろうか。言い換えれば、野球における「得点能力」を示す指標とはいったい何であるかということである。

ちなみに「得点」という記録があるが、これはその選手が何回ホームベースを踏んだかを示したものである。ただ、この数字が大きいからといってその選手の得点能力が高いと評価するといったことは寡聞《かぶん》にして知らない。

（追記……ホームランを打てば、確実にホームベースが踏めるので「得点」もつくことになり、得点はホームランの数より大きくなるのが普通であるが、1969年のシーズンで、ホームランより得点が少なかった選手がいる。近鉄のジムタイルで、シーズン8本塁打であるにもかかわらず、得点は7であった。これはシーズン8本目のホームランを打ったときに1塁ベース前で肉離れを起こし、代走が送られたためで、代走で走った伊勢《いせ》孝夫《たかお》に得点がついた。なおジムタイルの得点はホームラン以外のものはなかったため、このような珍記録が生まれたのである）

また、より得点能力を示すと思われている「打点」という指標がある。こちらは、バッターとしての勝負強さなどを示す数値として、一定の評価が与えられているように思える。

だがはたして、これは本当にその選手の得点能力を反映した指標なのだろうか。

例えば、ソロホームランを30本打てばその選手の打点は30であるが、満塁ホームランを10本打った選手の打点は40である。そうなると、打点で比較してしまえば、ホームランを3倍打てる選手の得点能力の方が低いということになってしまう。

それは整合性のある比較といえるだろうか。打点を多く稼げるということには、その選手の前にランナーが多く出ていることも要因として絡んでくる。そうなると「打点」は個人の得点能力にチーム力が上乗せされた指標となり、選手個人の得点能力を示すものとして考えるには整合性がないと思われる。

そこでセイバーメトリクスでは、個人の得点能力を示すさまざまな指標が提案されている。その中でも現在よく使われている指標を紹介しよう。

得点能力との相関性が高い指標「OPS」

野球で点を取るためには塁に出なければならない。打率が高い選手はもちろん塁に出る回数が多いのだが、塁に出る手段は何もヒットを打つことだけではない。四球でも死球でもいいわけである。

そこでセイバーメトリクスでは、「打率」以上に「出塁率」が選手を評価する上で重要な指標であると考えられている。

ただ「出塁率」だけでは、単打の重みとホームランの重みが同等とされているため、そこに「長打率」を加算した指標というものがビル・ジェームズやディック・クレイマー、ピート・アーマーらによって考案された。それがOPS（On-base Plus Slugging）という指標である。

このOPSという指標は、算出がとても容易であること、さらにはチーム総得点と

表12　日本プロ野球　歴代OPS上位10人

順位	選　手	通算OPS
1	王貞治	1.080
2	アレックス・カブレラ	1.018
3	松井秀喜	0.995
4	落合博満	0.987
5	小笠原道大	0.954
6	タフィ・ローズ	0.943
7	イチロー	0.942
8	福留孝介	0.940
9	松中信彦	0.939
10	張本勲	0.937

チームＯＰＳとの相関が高いという事実により、セイバーメトリクスでは重視されている打撃指標である。また、メジャーリーグでは打者成績の公式記録に採用されている。

　この指標の基準であるが、平均的なＯＰＳの値は０・７５くらいであり、０・９を超えればかなり優秀な打者であるとされ、１・０を超えるようであれば球史に残る強打者とされている。

　実際、メジャーリーグで史上最高のＯＰＳをもつ打者は、あのベーブ・ルース（１・１６４）である。また１・０以上の打者には、テッド・ウィリアムズ、ルー・

ゲーリック、バリー・ボンズなど8名が名を連《つら》ねる。

日本球界で4000打席以上に立っている打者の中で、通算OPSが最高の打者は王貞治《おうさだはる》であり、1・080である。つづくアレックス・カブレラ（福岡ソフトバンクホークス）も1・018と1・0を超えており、現役プレーヤーでありながら、すでに球史に残る選手であるといっていいだろう。

なお、歴代のOPS上位10名を表12に挙げたが、そのうち6名が現役選手である。シーズン記録で見てみると、メジャーでは2004年にサンフランシスコ・ジャイアンツのバリー・ボンズが、1・422の驚異的な記録を残している。これは、シーズン73本塁打のメジャー記録を残した2001年シーズンの1・379を上回る。

その理由は、打率3割6分2厘、長打率（=塁打／打数）0・812もさることながら、四球がメジャーシーズン記録の232、うち敬遠もシーズン記録の120であったことで、出塁率が脅威の6割9厘（これもメジャーシーズン記録）にまで跳ね上がったことによるものである。

日本でも1974年に王貞治が1・293のシーズン記録を打ち立てているが、そ

表13　2010年シーズンにOPS0.9以上の打者

順位	選手名	長打率	出塁率	OPS
1	和田一浩（中日）	.624	.437	1.061
2	カブレラ（オリックス）	.569	.428	0.997
3	阿部慎之助（巨人）	.608	.368	0.976
4	小笠原道大（巨人）	.559	.394	0.953
5	ラミレス（巨人）	.613	.338	0.951
6	青木宣親（ヤクルト）	.509	.435	0.944
7	森野将彦（中日）	.537	.399	0.937
8	T－岡田（オリックス）	.575	.358	0.933
9	多村仁志（ソフトバンク）	.550	.374	0.924
10	西岡剛（ロッテ）	.482	.423	0.904
11	ブラゼル（阪神）	.573	.329	0.902

のときも四球１５８、うち敬遠45、出塁率５割３分２厘（いずれも日本シーズン記録）を記録している。

なお、２０１０年シーズンに規定打席に達した打者の中で０・９以上のＯＰＳを記録した打者は11名いる（表13）。特に中日の和田《わだ》一浩《かずひろ》は俗にいう「三冠タイトル」は１つもとっていない（打率４位、本塁打４位、打点５位）が、ＯＰＳは唯一人１・０を超えており、今年を代表する打者といっても過言ではないだろう。

なお、シングルヒットを考慮せず、２塁打以上の長打のみを対象とすることで、選手個人の「長打を打つ能力」に長《た》けているかを評価するための指標も考案されている。「ＩｓｏＰ（Isolated power）」というものであり、これもメジャーでは選手評価に活用されている指標である。ＩｓｏＰの計算式は、

IsoP＝（長打率）－（打率）

という簡易な形で表わされている。

打撃以外の能力を反映させた「RC」と「XR」

前述のＯＰＳの長所は、計算が容易であるにもかかわらず、得点との相関が高いことである。そのため選手の得点能力を表わす指標として重視されてきた。

しかし、得点を取るために重要な能力であるはずの走力（盗塁、盗塁死）であるとか、アウトになりながらも走者を進塁させたという記録（犠打、犠飛）については考慮されていないという欠点も指摘されていた。

そのため、こうした記録も加味し、より細かく個々の得点能力を測る指標を作成する試みが行なわれた。そこでビル・ジェームズは「ＲＣ（Runs Created）」という指標

「RC」の計算式

$$RC=\frac{(A+2.4C)(B+3C)}{9C}-0.9C$$

ただし、
A＝(安打)＋(四球)＋(死球)－(盗塁死)－(併殺打)
B＝塁打＋0.26×{(四球)＋(死球)}＋0.53×{(犠打)＋(犠飛)}
　＋0.64×(盗塁)－0.03×(三振)
C＝(打数)＋(四球)＋(死球)＋(犠打)＋(犠飛)

を考案した。ＲＣは、(出塁能力)×(進塁能力)／(出塁機会)を基本構造とし、改良や肉付けを重ねて、上のような式で表わされる。

Ａは出塁能力、Ｂは進塁能力に対応する値として考えられている。これでＯＰＳに含まれなかった盗塁などが含まれた形の指標となり、走塁の得意な選手も評価できるようになった。

このＲＣはチーム全打者の合計がチームの総得点とほぼ同じになるように作成されている指標である。そのため個人のＲＣはチーム得点の中で何点分の貢献をしたかを表わすことになる。

「XR」の計算式

XR＝0.5×(単打)＋0.72×(二塁打)＋1.04×(三塁打)
＋1.44×(本塁打)＋0.34×{(四球)＋(死球)－(敬遠)}
＋0.25×(敬遠)＋0.18×(盗塁)－0.32×(盗塁死)
－0.09×(凡打)－0.098×(三振)－0.37×(併殺打)
＋0.37×(犠飛)＋0.04×(犠打)

同様の考え方で編み出された指標として、「XR（EXtrapolated Runs）」という指標も存在する。式の形は上のとおりである。

式を見るとわかるように、統計学で見かける重回帰《じゅうかいき》式のような形で表わされている。つまり、打撃成績の項目に重みをつけて加減することによって、選手個人の得点能力を示そうとするものである。

RCよりもさらに細かい指標（敬遠、凡打）が含まれていて、さらには各攻撃成績にかけられている係数が、得点に関与する重みとして数値化されているので、直観的にわかりやすい指標であるともいえる。なお、この重み係数はメジャーリーグの成績をもとに算出されているものである。

ＲＣやＸＲは打席数が多ければ多いほど大きくなる性質があるため、打席数が大きく異なる選手同士の比較を行なうことは困難である。なので、代打で良い成績をあげている選手や、規定打席に達していなくても攻撃能力のある選手を評価するのには適していない。

そこでこのＲＣやＸＲを基にＲＣ27、ＸＲ27という指標が考案されている。

これらは、

RC27=27×RC/｛(打数)－(安打)＋(盗塁死)＋(犠打)＋(犠飛)＋(併殺打)｝

XR27=27×XR/｛(打数)－(安打)＋(盗塁死)＋(犠打)＋(犠飛)＋(併殺打)｝

で求められる。

これらの値は「その選手が１番から９番まですべての打席に立ったと仮定したときに得られる得点の期待値」を表わしている。表14では２０１０年シーズンにおいてＲＣ27、ＸＲ27の値が大きい打者を列挙している。

これらの指標においても、和田の得点能力の高さが際立つ。ＲＣ27でいえば、もし和田が１番から９番までのラインアップにすべて名を連ねたと仮定すると、この強力打線から生み出される得点の期待値は10点であると評定できるのである。

ＲＣ27とＸＲ27で多少の評価の違いは見えるものの、ほぼ同程度の評価ができていることもわかる。

また、この指標は試合数、打席数の多さによらずに選手の得点能力を比較することができる。つまり、シーズン途中で加入し、主力打者として活躍したり後半からレギュラーに定着したりして、規定打席には達していなくてもその実力が認められる選手を評価できるのである。

この表に掲載されている選手でいえば、東京ヤクルトのホワイトセル（途中加入、68試合、２６８打席、ＯＰＳ０・９９１）、横浜ベイスターズのハーパー（途中加入、64試合、２６１打席、ＯＰＳ０・９９１）、埼玉西武のフェルナンデス（途中加入、日本球界8シーズン目、57試合、２４３打席、ＯＰＳ０・９２５）、東京ヤクルトの畠山和洋《はたけやまかずひろ》（シーズン途中からレギュラーに定着、93試合、２８０打席、ＯＰＳ０・９３１）である。

ただ、ＲＣやＸＲの式に表われる係数は、過去のメジャーリーグの記録を基に算出されているものなので、現在の日本プロ野球の打者の得点能力をよりよく評価するた

表14　リーグ別　RC27、XR27の上位10人（2010年）

RC27 セ・パ上位10人

セ・リーグ	RC27
和田一浩（中日）	10.05
青木宣親（ヤクルト）	8.87
ホワイトセル（ヤクルト）	8.54
ハーパー（横浜）	8.15
小笠原道大（巨人）	8.07
阿部慎之助（巨人）	7.91
森野将彦（中日）	7.58
マートン（阪神）	7.32
畠山和洋（ヤクルト）	7.30
ラミレス（巨人）	7.12

パ・リーグ	RC27
カブレラ（オリックス）	8.73
西岡剛（ロッテ）	7.81
多村仁志（ソフトバンク）	7.37
フェルナンデス（西武）	7.35
井口資仁（ロッテ）	7.34
糸井嘉男（日本ハム）	7.34
T－岡田（オリックス）	7.10
鉄平（楽天）	7.02
田中賢介（日本ハム）	6.94
中島裕之（西武）	6.76

XR27 セ・パ上位10人

セ・リーグ	XR27
和田一浩（中日）	9.69
ホワイトセル（ヤクルト）	8.32
青木宣親（ヤクルト）	8.30
ハーパー（横浜）	8.20
小笠原道大（巨人）	7.95
阿部慎之助（巨人）	7.78
森野将彦（中日）	7.30
畠山和洋（ヤクルト）	7.16
ラミレス（巨人）	7.13
マートン（阪神）	6.96

パ・リーグ	XR27
カブレラ（オリックス）	8.41
西岡剛（ロッテ）	7.46
井口資仁（ロッテ）	7.18
フェルナンデス（西武）	7.17
多村仁志（ソフトバンク）	7.10
糸井嘉男（日本ハム）	7.02
T－岡田（オリックス）	7.02
鉄平（楽天）	6.82
中島裕之（西武）	6.70
田中賢介（日本ハム）	6.65

RC27やXR27は、「その選手が１番から9番まですべての打席に立ったと仮定したときに得られる得点の期待値」を表わしている。

めには、係数の再計算や、指標の組み替えなど、いくつかの改良が必要であると考えられる。

第2章

失点は誰の責任か

——守備編

1 先頭打者に四死球はヒットより悪いか？

実況「あー、先頭打者を歩かせてしまいました」
解説「だめですねー。これはヒットでランナーを出すよりも悪いですよ」

ヒット（単打）も四球も、ランナーを1塁に出すことに違いはない。にもかかわらず、このように打たれるよりも四死球、特に四球はよくないといわれることが多い。

確かに、四球を与えるのは褒《ほ》められたことではないが、打たれないようきわどいコースをつくのは投手としては当たり前のことであるし、変にストライクゾーンに入って長打を打たれるよりましだとも考えられる。

だとすれば、何を根拠に冒頭のような発言になるのか。ヒットで先頭打者を出塁させるよりも、四球で出塁させた方が、得点される確率が高いということをいいたいの

表15　ヒットと四死球で点の取られやすさは違うか？

単打で出塁した場合の生還率（無死走者無しから）

年　度	出塁数	生還数	生還率
2009	3391	1191	35.1%
2008	2820	1010	35.8%
2007	2822	928	32.9%
2006	2829	1020	36.1%
計	11862	4149	35.0%

四死球で出塁した場合の生還率（無死走者無しから）

年　度	出塁数	生還数	生還率
2009	1170	397	33.9%
2008	1086	388	35.7%
2007	1117	367	32.9%
2006	1015	359	35.4%
計	4388	1511	34.4%

（2006～2009年のデータより）

先頭打者が単打と四死球で出塁した場合の、その先頭打者の生還率を比較した。両者に統計的に意味のある差は見られず、むしろ単打の場合の生還率の方が高い傾向にあることがわかる。

が「悪い」という言葉の意味だろうか。

確かに、四球を与えることが、守備をする選手に心理的悪影響を与え、その後の守備のリズムを乱すということは考えられる。投手自身の逃げグセのようなものがついてしまう可能性も否めない。

ここでは、先頭打者が単打で出塁したときの生還率と四球で出塁したときの生還率を比較することで、この言葉を検討してみたい。

表15がその生還率の比較を示したものである。２００６年から09年までを平均すると、先頭打者が単打で出塁したときの生還率は35・０％で、四死球で出塁したときは34・４％である。これを統計学的に調べてみると、p値が０・26となり、特に有意な差があるとはいえない。

単純に、単年での数値を比較してみても、先頭打者が四死球で出塁したときの生還率が単打での出塁の生還率を超えた年は、４年の間に一度もない。

つまり、「四球での出塁は、単打で出塁させるよりも悪い」という言葉は、データから見れば、何の根拠もないことになる。

ただ単打であれ、四死球であれ、先頭打者を出塁させてしまったイニングでは、先頭打者を打ちとったときの3倍の確率で得点されてしまうので、先頭打者に対しては特に注意を払わなければならないということに関しては、統計学的にも正しいといえるであろう。

その根拠となる数字を最初に示したのが、ジョージ・リンゼイである。彼の職業はなんとカナダの国防省のコンサルタントであった。彼はその当時、職業として統計手法を駆使していたのだが、それを愛する野球のために使えないかと研究を重ね、1960年代前半にそれらを学術論文として発表したのである。

その理論に基づき、2004年から2010年までのデータから計算された「得点確率表」（表16）によれば、ノーアウトランナー1塁の状況で、そのイニングに1点以上得点できる確率は41・2%であり、1アウトランナーなしの状況における確率15・3%の3倍弱になるということがわかったのである。

またリンゼイは、そのイニングの残りで見込まれる「得点期待値」に関する計算理論についても研究を行なっている。我々はその理論を応用し、最新のデータから新た

表16　アウトカウント、塁状況別得点確率表
（そのイニングに１点以上得点できる確率）

塁状況＼アウト	0アウト	1アウト	2アウト
ランナーなし	26.3%	15.3%	6.5%
ランナー１塁	41.2%	26.7%	12.4%
ランナー２塁	59.5%	40.5%	21.8%
ランナー３塁	81.9%	63.7%	27.1%
ランナー１，２塁	60.2%	41.5%	23.1%
ランナー１，３塁	83.3%	63.8%	27.0%
ランナー２，３塁	83.7%	65.3%	27.1%
ランナー満塁	83.7%	65.3%	31.4%

（日本プロ野球2004〜2010年のデータより算出）

に現代プロ野球に即した得点期待値を計算したのである。その結果は後に「敬遠の是非」や「盗塁、ヒットエンドランの効率」について語る上で重要なものとなっている。

2 2ストライク・ノーボールで本当に1球外すべきか

実況「ピッチャー、2球ポンポンとストライクをとってきました」
解説「ここでピッチャーはあせらず、1球ボール球をはさむべきですね」

第1章でも見たように、ボールカウントが2ストライク・ノーボールのときよりも、2ストライク・1ボールの方が攻撃側の勝利確率は高いことがわかっている。つまり逆から見れば、ピッチャーが自らの意思でカウントを2ストライク・ノーボールから2ストライク・1ボールにするのは、勝利確率を下げる行為であるので、結論から言えば、あまり良い戦術とはいえない。

にもかかわらず、表17のデータを見てみると、2ストライク・ノーボールのカウントでの次の球は56・8%の確率でボールになっている。ノーストライク・ノーボールではボール球の確率が41.1%なので、明らかに、投手は意図的にストライクを投げていないのである。

確かにストライクを2つも先行させることができれば、そのあと投手は3つボール球を投げる余裕が生まれるし、2ストライク後の1球が不用意に相手のヒッティングゾーンに行って打たれたときの心理的ダメージを考えれば、あえてストライクゾーンに投げる必要もないと考えるのであろう。

だが、前章の表8（43ページ）にもあったように、2ストライク・ノーボールのときの打率よりも2ストライク・1ボールのときの打率は、4分も上がっているのである。これは、ボール球を投げたことにより、逆に相手打者にボールの軌道を確認させる余裕を与え、より打ちやすい心理状況にさせてしまうのではないだろうか。

余談ではあるが、2ストライク・3ボールというフルカウントが打者有利なカウントか、投手有利なカウントかを検証してみる。

2ストライク・3ボールでの出塁率は37・6％となり、平均よりも高い出塁率となっている。また四球と三振では、四球となる確率の方が高いこともわかる。さらに細

表17　カウント別のストライク、ボールの比率

投球前のカウント	ストライク	ボール	ファール (2ストライク後)	死　球	安　打	敬　遠 (3ボール後)
0－0	46.7%	41.1%		0.2%	3.7%	
0－1	49.0%	32.6%		0.2%	6.0%	
0－2	51.5%	31.9%		0.1%	5.8%	
0－3	55.9%	40.0%		0.0%	1.6%	8.6%
1－0	37.1%	45.8%		0.3%	5.1%	
1－1	44.0%	32.8%		0.3%	7.4%	
1－2	46.8%	27.0%		0.2%	9.0%	
1－3	48.6%	27.5%		0.1%	8.6%	0.2%
2－0	13.8%	56.8%	15.0%	0.3%	4.1%	
2－1	17.1%	35.7%	23.6%	0.4%	7.2%	
2－2	17.1%	26.2%	27.8%	0.3%	9.0%	
2－3	15.8%	19.9%	30.9%	0.2%	11.4%	0.0%

表18　2ストライク3ボールは投手・打者どちらに有利？

アウトカウント	安　打	三　振	四　球	ファール
0アウト	12.1%	14.6%	18.9%	31.7%
1アウト	11.9%	15.4%	19.8%	31.0%
2アウト	10.4%	17.2%	21.4%	30.3%

かく、アウトカウント別に見てみると、アウトカウントが多くなるにつれて、三振、四球の確率が高くなり、安打の確率が少なくなっていることもわかる。

2アウト2ストライク・3ボールという状況は、投手が「ストライクを投げなければ」とか「打ち取らなければ」というプレッシャーを感じる度合いを、打者の「ここで決めなければ」と思わせる度合いよりも強める効果があるのではないだろうか。

3 敬遠して次のバッターと勝負は良い作戦といえるか

実況「8回裏ノーアウトランナー2・3塁、一打出れば逆転という場面、迎えるバッターは4番。バッテリーはここをどう乗り切るか」
解説「1塁は空いてますから、ここは敬遠するんじゃないですかねぇ」

確かにこのような状況で、強打者にヒットを打たれ得点を許すよりは、故意四球により1塁に歩かせれば、そこでの得点の可能性は0である。こういった場面は「満塁策」などと呼ばれ、よく見られる。

しかしながら、ランナーが増えることによって、相手の状況を良くしているようにも見える。特に2、3塁の状況での敬遠は満塁という状況を生み、四死球を出せないプレッシャーも加わってしまう。

表19　和田（中日）と青木（ヤクルト）の打撃成績（2010年）

	打席	打数	安打	打率
和田	602	505	171	.339
青木	667	583	209	.358

（内訳）

	二塁打	三塁打	本塁打
和田	29	2	37
青木	44	1	14

	四球	死球	犠打	犠飛	併殺打
和田	92	0	0	5	12
青木	63	18	0	3	10

では、敬遠で強打者を回避し、次のバッターと対戦するという作戦は有効であるといえるのだろうか。

これを検証するために、２人の強打者を例にとって考察してみる。その強打者とは、中日の和田一浩と東京ヤクルトの青木宣親である。両者の２０１０年シーズンの成績は表19のとおりである。

和田については、チーム全体の打撃成績が２割５分９厘、１１９本塁打とふるわない中、打率３割３分９厘、37本塁打、さらにはＲＣ27も10・05と12球団でトップである。青木については、自身２度目となるシーズン２００安打以上、しかも盗塁も19と

機動力のある巧打者である。

ここでは、この２人のデータから、各シチュエーションにおける得点期待値を計算し、２人を敬遠した場合の得点期待値と比較することによって、この２人を敬遠することが得策であるかどうかを検証してみる。

表20より、青木に対して敬遠することが得策であるシチュエーションは、ノーアウト2塁、2アウト2塁、2アウト2・3塁、そして1アウト満塁、2アウト満塁であり、和田はそれに加えて、1アウト2塁、2アウト3塁、ノーアウト満塁、ノーアウトランナーなしの状況での敬遠が得策となることがわかる。

このことから、やはりランナー2塁という、1塁が空いている状況では得点期待値の観点から、強打者は歩かせた方が得策であるとの結論を得る。また2アウト2・3塁のときは満塁策をとった方が良いとの結果も得られた。

そして驚くべきことに、満塁の状況でも、敬遠をした方が得点期待値が下がるという奇妙な結果も得られた。

これは、長打やホームランを打つ確率が高い選手と満塁時に対戦して打たれ、大量

表20　敬遠は得策か？　和田と青木の場合

和田が打席にいるときの状況			敬遠した後の状況		
アウトカウント	塁状況	得点期待値	塁状況	得点期待値	○なら得策
0	なし	0.06	一　塁	0.05	○
	三　塁	0.42	一三塁	0.56	
	二　塁	0.24	一二塁	0.18	○
	二三塁	0.53	満　塁	0.72	
	一　塁	0.14	一二塁	0.18	
	一三塁	0.54	満　塁	0.72	
	一二塁	0.32	満　塁	0.72	
	満　塁	0.76	満　塁	0.72	○
1	なし	0.06	一　塁	0.07	
	三　塁	0.42	一三塁	0.58	
	二　塁	0.25	一二塁	0.24	○
	二三塁	0.55	満　塁	0.70	
	一　塁	0.14	一二塁	0.24	
	一三塁	0.55	満　塁	0.70	
	一二塁	0.34	満　塁	0.70	
	満　塁	0.78	満　塁	0.70	○
2	なし	0.06	一　塁	0.08	
	三　塁	0.41	一三塁	0.38	○
	二　塁	0.30	一二塁	0.28	○
	二三塁	0.59	満　塁	0.58	○
	一　塁	0.15	一二塁	0.28	
	一三塁	0.55	満　塁	0.58	
	一二塁	0.39	満　塁	0.58	
	満　塁	0.83	満　塁	0.58	○

（2010年のデータより）

青木が打席にいるときの状況			敬遠した後の状況		
アウトカウント	塁状況	得点期待値	塁状況	得点期待値	○なら得策
0	なし	0.02	一塁	0.05	
	三塁	0.36	一三塁	0.56	
	二塁	0.20	一二塁	0.18	○
	二三塁	0.52	満塁	0.72	
	一塁	0.06	一二塁	0.18	
	一三塁	0.47	満塁	0.72	
	一二塁	0.24	満塁	0.72	
	満塁	0.68	満塁	0.72	
1	なし	0.02	一塁	0.07	
	三塁	0.36	一三塁	0.58	
	二塁	0.22	一二塁	0.24	
	二三塁	0.54	満塁	0.70	
	一塁	0.07	一二塁	0.24	
	一三塁	0.48	満塁	0.70	
	一二塁	0.26	満塁	0.70	
	満塁	0.70	満塁	0.70	○
2	なし	0.02	一塁	0.08	
	三塁	0.36	一三塁	0.38	
	二塁	0.28	一二塁	0.28	○
	二三塁	0.60	満塁	0.58	○
	一塁	0.08	一二塁	0.28	
	一三塁	0.48	満塁	0.58	
	一二塁	0.34	満塁	0.58	
	満塁	0.78	満塁	0.58	○

各シチュエーションごとに敬遠する前と後の得点期待値を比較したもの。○印をつけたものが、得点期待値が下がる、つまり敬遠が得策である。

にランナーを帰すよりも、敬遠による1失点で回避する方が結果的には点数を抑える可能性が高いということが数値に表われたのかもしれない。

4 エースにエースをぶつけるのは得策か

実況「6回が終わって、いまだ0対0の均衡が破れず、手に汗握る投手戦となっています」

解説「まさにエース同士の投げ合い。見ごたえのある試合です」

野球観戦の醍醐味《だいごみ》といえば、大きく2つある。派手な打撃戦と、息詰まる投手戦である。特に、両チームのエース同士が投げ合う試合は、後者を好むファンにとって絶好の試合となることだろう。

近年では、北海道日本ハムのダルビッシュ有《ゆう》と東北楽天ゴールデンイーグルスの岩隈久志《いわくまひさし》が投げ合う試合は、ロースコアの好ゲームになることが多い。

特に2010年5月8日に函館《はこだて》オーシャンスタジアムで行なわれた北海道日本ハム

対東北楽天の7回戦では、両投手相譲らず、9回終了時までどちらも失点を許さなかった。結局この試合は延長に入り、両チームとも投手を交代し、10回裏に北海道日本ハムがサヨナラ勝ちを収めた。

また、2年さかのぼった2008年4月10日の5回戦でも両投手が投げ合いを演じ、ともに3安打完投、スコアは1対0で北海道日本ハムのダルビッシュが勝利している。ちなみに両投手の直接対決は5度あるのだが、成績はダルビッシュ、岩隈とも2勝ずつである。

そういったエース同士が投げ合う名勝負は、観戦する側にすれば楽しいのかもしれないが、チームとしては、エースが登板しているからには、この試合は確実にものにしたいと願うことだろう。

しかし、先発ピッチャーのローテーションの関係から、両チームのエース同士が投げ合うことが多い。特に、短期決戦の場合や、2連戦を中心に構成され、試合の間隔が広くなるセ・パ交流戦などにおいては、エース同士の対戦が多く見られる。

このような場合、自チームの投手がある程度抑えていても、味方打線が相手のエースから得点できず、せっかくのエース登板の試合でもチームの勝利確率が減少してしまうのではないかと思うことだろう。

また、相対的に実力の低いチームの場合、せめてエースの試合は落としたくないと思ったのなら、意図的にエース同士の対決を外すことも考えられるのではないだろうか。

表21は、2010年度、開幕投手を務め、セ・リーグの投手部門3冠（15勝、防御率2・21、174奪三振）を達成した広島東洋カープのエース、前田健太《まえだけんた》の登板日程と、そのときの対戦相手などのデータである。

前田は、2010年度28試合に先発登板し、そのうちクオリティスタートを22回達成している。クオリティスタートとは、6回まで3失点以内に抑えたことを指し、これをクリアすれば先発投手の最低限の責任は果たしたと見なされる。つまり、前田は今年79％の確率で先発の責任を果たしたことになる。

ここで、対戦相手はどのようであったかを確認してみよう。オールスター前までの18試合を見ると、相手投手も開幕投手を務めた、いわゆる「エース」との直接対決である試合が11試合もある。これは、どのチームもたいていは開幕投手に指名された投手を中心にローテーションを組むために起こりうる現象であると考えられる。

オールスター後は10試合中、2試合（どちらも中日の吉見《よしみ》一起《かずき》）となっているが、これはオールスター戦にチームのエースが登板しているか否かによって、ローテーションの組み方が異なるため、エースが直接ぶつかることがあまり起こらなくなったと思われる。

ちなみに、前田のエース対決の結果は13試合で10勝2敗と大きく勝ち越している。その中でも中日の吉見とは年間で4回、直接対決を行なっているが、結果は両投手とも2勝ずつであった。

このようにチームのエース同士で星をつぶしあわせるよりも、エース対決を回避させれば、エースの勝ち星が増え、チームにとっても有利になるかもしれない。そこで、次のようなシミュレーションを行なってみる。

Aチーム対Bチームの3連戦で、Aチームが20勝、8勝、5勝できる実力をもつ3人のピッチャーを当てるとする。対するBチームの3人のピッチャーの実力は15勝、

表21　前田健太の対戦投手と成績（2010年）

日　付	対戦相手	対戦相手の先発		投球回	失点	QS	勝敗
3月26日(金)	中日	吉見 一起	開幕投手	8	1	◎	○
4月2日(金)	巨人	ゴンザレス		7	5	×	●
4月8日(木)	ヤクルト	石川 雅規	開幕投手	8	0	◎	○
4月15日(木)	ヤクルト	バーネット		8	1	◎	−
4月21日(水)	阪神	久保 康友		8	1	◎	○
4月27日(火)	横浜	ランドルフ	開幕投手	8	0	◎	○
5月3日(月)	横浜	ランドルフ	開幕投手	7	1	◎	○
5月9日(日)	阪神	鶴 直人		7	4	×	●
5月15日(土)	日本ハム	ダルビッシュ	開幕投手	9	0	◎	○
5月21日(金)	ソフトバンク	大隣 憲司		9	1	◎	○
5月27日(木)	ロッテ	成瀬 善久	開幕投手	8	0	◎	○
6月2日(水)	日本ハム	増井 浩俊		8	2	◎	−
6月9日(水)	ロッテ	成瀬 善久	開幕投手	9	2	◎	−
6月19日(土)	ヤクルト	石川 雅規	開幕投手	7	0	◎	○
6月25日(金)	中日	吉見 一起	開幕投手	7	3	◎	●
7月1日(木)	巨人	内海 哲也	開幕投手	9	1	◎	○
7月7日(水)	巨人	内海 哲也	開幕投手	7	2	◎	○
7月13日(火)	横浜	加賀 繁		5	4	×	●
7月23日(金)	オールスターゲーム登板						
7月30日(金)	巨人	藤井 秀悟		5⅔	8	×	●
8月6日(金)	巨人	オビスポ		8	1	◎	○
8月13日(金)	中日	吉見 一起	開幕投手	7	4	×	●
8月20日(金)	横浜	加賀 繁		5	2	×	−
9月1日(水)	中日	山井 大介		9	1	◎	−
9月9日(木)	ヤクルト	由規		9	2	◎	○
9月16日(木)	中日	吉見 一起	開幕投手	9	3	◎	○
9月23日(木)	ヤクルト	館山 昌平		8	3	◎	●
9月30日(木)	ヤクルト	館山 昌平		9	0	◎	○
10月7日(木)	巨人	東野 峻		7	3	◎	●

QS：クオリティスタート（6回までを3自責点以内に抑えた試合）

10勝、8勝であるとする。

ちなみに両チームの勝ち数の合計は33勝で同じである。通常のローテーションであれば、20勝対15勝、8勝対10勝、5勝対8勝の対決となるだろう。

エース対決では20勝ピッチャーが有利ではあるが、他の2対戦では劣勢となっているのでエース対決を落とすようなことがあれば、Aチームにとってかなり不利な状況になる。

そこで、このエース対決を含む状況でAチームが3連戦のうち2勝以上できる確率とエース対決を回避させてローテーションを組み、3連戦を戦った場合での2勝以上できる確率を比較してみる。

ここで、Aチームの1試合あたりの勝利確率は、単純計算でそのピッチャー同士の勝利数の比率として考える。例えば20勝対15勝であれば、20勝ピッチャーの勝利確率は20/(20＋15)＝0.571であるとする。

表22は、Aチームの投手のローテーションを変化させたときの、Aチームの勝利確率を示したものである。

表22-1　エース同士を対決させたときのAチームの勝利確率

Aチーム	Bチーム	試合ごとのAチームの勝利確率	Aチーム3勝の確率	Aチーム2勝1敗の確率		
20勝	15勝	57.1%	○ 57.1%	○ 57.1%	○ 57.1%	× 42.9%
8勝	10勝	44.4%	○ 44.4%	○ 44.4%	× 55.6%	○ 44.4%
5勝	8勝	38.5%	○ 38.5%	× 61.5%	○ 38.5%	○ 38.5%
		小　計	9.8%	15.6%	12.2%	7.3%
Aチーム勝ち越しの確率			44.9%			

表22-2　エース対決を回避させたときの勝利確率（その1）

Aチーム	Bチーム	試合ごとのAチームの勝利確率	Aチーム3勝の確率	Aチーム2勝1敗の確率		
5勝	15勝	25.0%	○ 25.0%	○ 25.0%	○ 25.0%	× 75.0%
20勝	10勝	66.7%	○ 66.7%	○ 66.7%	× 33.3%	○ 66.7%
8勝	8勝	50.0%	○ 50.0%	× 50.0%	○ 50.0%	○ 50.0%
		小　計	8.3%	8.3%	4.2%	25.0%
Aチーム勝ち越しの確率			45.8%			

表22-3　エース対決を回避させたときの勝利確率（その2）

Aチーム	Bチーム	試合ごとのAチームの勝利確率	Aチーム3勝の確率	Aチーム2勝1敗の確率		
8勝	15勝	34.8%	○ 34.8%	○ 34.8%	○ 34.8%	× 65.2%
5勝	10勝	33.3%	○ 33.3%	○ 44.4%	× 66.7%	○ 33.3%
20勝	8勝	71.4%	○ 71.4%	× 28.6%	○ 71.4%	○ 71.4%
		小　計	8.3%	3.3%	16.6%	15.5%
Aチーム勝ち越しの確率			43.7%			

エース同士を対決させ、その後実力通りに並べたローテーション（表22－1）では、3連戦のうち2勝以上する確率は44・9％となる。

それに対し、表22－2のようにエース対決を回避させたローテーションでは45・8％となり、若干ではあるが、確率は上昇することがわかる。

これは、エースの勝利確率が上昇し、Aチームの2番手ピッチャーがBチームの3番手ピッチャーと対戦することによる勝利確率の上昇に起因する。なので、表22－3のようにAチームのエースとBチームの3番手の対決では宝の持ち腐れ状態となり、逆に勝ち越せる確率を下げてしまうのである。

以上の結果から、絶対的なエースはいるものの、他の先発ピッチャー陣の実力が他のチームよりも劣っているチームは、確率的な見地からすれば、相手チームのエースが登板する試合に自チームのエースを当てるのを回避するのが得策であると考えられる。

しかしながら、やはり開幕投手はその年エースに指名された投手が登板することで、チーム内外にその存在を示すという効果もあるだろうし、短期決戦では初戦を落としたくない気持ちからエース同士のぶつかり合いになることも多々あるだろう。

それによって、エース同士が投げ合う伝説の名勝負が生まれる確率を上げることになるだろうし、観客としても楽しめる試合が増えるとすれば、やはりエースの投げ合いには意味があるのかもしれない。

5 「失点」における投手の責任はどこまでか？ ――「防御率」の限界

投手の能力を端的に示す指標といってすぐに思い出されるのは、なんといっても「防御率」であろう。

ご存じのとおり、防御率は9×（自責点）／（投球回数）で計算され、その投手が1試合（9イニング）投じたときに自身の責任において失する点数の平均値として扱われている。

一見、投手個人の能力を測る指標として優《すぐ》れているものと思われているが、実は不確定要素の大きい指標であることは、一般的には案外知られていないかもしれない。それは自責点、ならびに失点という記録の算出方法に起因する。

失点の定義とは「その投手が許した走者が得点した数」のことである。この定義に則《のっと》って、ランナーを残して降板したのち、継投した投手がそのランナーを生還させてしまった場合でも、その分の失点は降板した投手に「失点」の記録が加算されるのである。

つまり後続の投手が抑えていれば「失点」がつかないわけで、個の実力以外による要素が加わった指標と考えられよう。

自責点にも不確定要素はある。２アウト後に野手が失策し、走者を許してしまった場合、それ以後にその投手がいくらヒットやホームランを打たれても自責点はつかないことになっている。

しかし、その投手がヒットやホームランを打たれているという事実はあるわけで、そのことが自責点という評価に反映されないことは、いささか問題であると考えられるのである。

野球がいくらチームプレーだとはいえ、「失点」にかかる守備側の責任がどこにあるかを分析することは必要だろう。

失点の要因は大まかに「投手個人の能力による部分」と「チーム守備力による部分」と「運」とに分類できると考えられる。そこでセイバーメトリクスでは、「投手

「投手の責任」を明確に分類

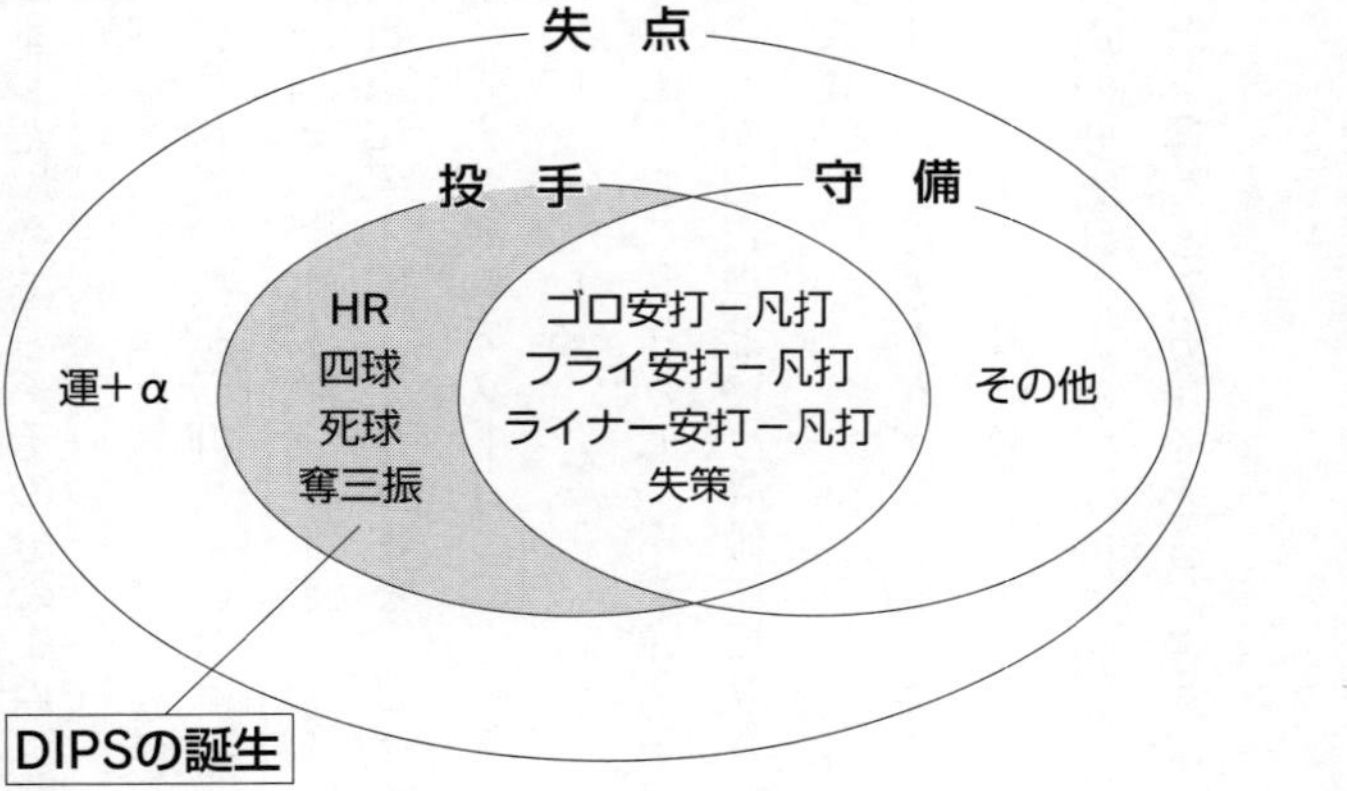

自身の能力による部分」で投手の個人能力を測る指標が多く考案されている。以下では、メジャーでもよく使われる指標について解説する。

投手個人の能力を測る「ＤＩＰＳ」

「被本塁打」「与四死球」「奪三振」という守備に依存しない項目だけから評価を行なう「ＤＩＰＳ（Defense Independent Pitching Statistics）」が生まれた（上図）。

フィールド内に飛んだ打球がヒットになるかアウトになるかということは、投手だけではなく、守備による影響、さらには運による影響が大きいことが統計学的に明らかになった。

そのため、これらの影響を受けないと考えられるＤＩＰＳという指標を用いて、純粋に投手個人の能力を示そうとする手法が提唱されてきたのである。

ＤＩＰＳの計算方法は研究者によって提案されたさまざまなものがあるが、代表的なのがセイバーメトリシャンのトム・タンゴによって考案されたもので、

$$\mathrm{DIPS} = \frac{13\times\text{被本塁打}+3\times(\text{与四死球}-\text{敬遠})-2\times\text{奪三振}}{\text{投球回数}} + (\text{補正値})$$

で表わされる。補正値はリーグ全体の防御率、被本塁打、与四死球、奪三振のデータから算出されるもので、今回は3・12を用いて計算を行なう。日本プロ野球で４００勝、４４９０奪三振を記録した金田《かねだ》正一《まさいち》のＤＩＰＳは3・36であり、「神様、仏様」と並び称された稲尾《いなお》和久《かずひさ》のＤＩＰＳは2・99である。また、歴代の優秀な投手の通算記録によるＤＩＰＳは3・00前後に分布している。

　２０１０年シーズンにおけるＤＩＰＳのランキングを、規定投球回数以上を投じた投手（主に先発を務めた投手）と、40試合以上に登板したリリーフ投手に分けて紹介

する（表23）。

このランキングで目立つのは福岡ソフトバンクの投手陣である。先発に2人、リリーフに3人ランクインしている。特に〝SMB（S＝摂津《せっつ》正《ただし》、B＝ブライアン・ファルケンボーグ、M＝馬原孝浩《まはらたかひろ》）〟と称されるリリーフ陣はDIPSという指標からも盤石《ばんじゃく》であるということが裏付けられる。

また、リリーフのランキングの中でセ・リーグに所属しているのが、どちらも中日の浅尾拓也《あさおたくや》と岩瀬仁紀《いわせひとき》である。また2010年の日本シリーズで見事な投球を行なった高橋聡文《たかはしあきふみ》も3・01という優秀な記録を残しており、中日のリリーフ陣の能力の高さはセ・リーグの中でも抜きん出ているといえよう。

この盤石のリリーフ陣を擁《よう》する福岡ソフトバンクと中日がペナントレースを制しているのは、興味深い。

実は、2010年シーズンはDIPSの記録上メモリアルなシーズンとなった。

まず、ダルビッシュの2・05という値は、先発投手のシーズン記録として史上最高記録なのである。

表23-1　2010年シーズンDIPS上位10投手（規定回数以上）

順位	投　手	チーム	DIPS
1	ダルビッシュ有	日本ハム	2.05
2	杉内俊哉	ソフトバンク	2.69
3	和田毅	ソフトバンク	2.96
4	岩隈久志	楽　天	3.01
5	金子千尋	オリックス	3.02
6	田中将大	楽　天	3.04
7	前田健太	広　島	3.11
8	武田勝	日本ハム	3.13
9	内海哲也	巨　人	3.38
10	東野峻	巨　人	3.45

表23-2　2010年シーズンDIPS上位10投手（40試合以上）

順位	投　手	チーム	DIPS
1	ファルケンボーグ	ソフトバンク	0.83
2	青山浩二	楽　天	2.01
3	宮西尚生	日本ハム	2.15
4	平野佳寿	オリックス	2.302
5	攝津正	ソフトバンク	2.306
6	浅尾拓也	中　日	2.31
7	馬原孝浩	ソフトバンク	2.36
8	建山義紀	日本ハム	2.39
9	岩瀬仁紀	中　日	2.56
10	小林宏	ロッテ	2.60

それまでの記録は、2001年シーズンに中日の野口茂樹《しげき》が記録した2・11であり、パ・リーグでは1958年に西鉄の稲尾が記録した2・18が最高であった。指名打者制が導入されているパ・リーグに所属するダルビッシュが、このような記録を樹立したということで、彼の能力の傑出ぶりがあらためて浮き彫りになったといえる。

ちなみに、ダルビッシュの通算DIPSは2・89で、これも稲尾の記録を上回っている。

また、ファルケンボーグの0・83という記録は、これまでシーズン40試合以上に登板した救援投手のシーズン記録であった1・201（2002年シーズンに西武の豊田《とよだ》清《きよし》が記録したもの）を大きく上回る。

なにせ2010年シーズンのファルケンボーグは60試合、62イニングに登板して、奪三振83、与四球8、そして被本塁打は0だったのである。

さらに大きなことをいえば、シーズンDIPSが1を切る記録というのはメジャーにも存在しない。つまり、2010年のファルケンボーグは「世界記録」を樹立したといっても過言ではないのである。

表24　2010年シーズンKK/B上位10投手（40イニング以上）

順位	投　手	チーム	KK/B
1	ファルケンボーグ	ソフトバンク	10.38
2	浅尾拓也	中日	7.50
3	松岡健一	ヤクルト	6.27
4	成瀬善久	ロッテ	5.65
5	武田勝	日本ハム	5.58
6	西村憲	阪神	5.46
7	宮西尚生	日本ハム	5.44
8	建山義紀	日本ハム	5.36
9	山口鉄也	巨人	5.31
10	榊原諒	日本ハム	4.91

ＤＩＰＳで使われる指標の中で「奪三振」と「与四球」のみに注目し、投手のコントロール能力を示す指標が考案されている。その１つが「ＫＫ／Ｂ」という指標で、

KK／B＝（奪三振）／（与四球）

で定義される。

２０１０年シーズンにおけるＫＫ／Ｂの平均は２・33であるが、前述のファルケンボーグのＫＫ／Ｂは10・38と突出している。

また、２０１０年シーズン40イニング以上投じた投手の中での上位10名に北海道日本ハムの投手が４人いて、さらにはダルビッシュのＫＫ／Ｂが４・72の11位なので、

上位11名の中に北海道日本ハムの投手が5人名を連ねていることになる。
このことより、北海道日本ハムは投手王国といえるだろう。

出塁を許さない度合いを示す「WHIP」

「WHIP（Walks plus Hits per Inning Pitched）」とは、1イニングあたりに安打や四球でどれだけの走者を許したかを示す指標で、

WHIP＝{（被安打）＋（与四球）}／（投球回数）

で定義される。

ランナーを出さなければ、もちろん失点のリスクも少なくなる。ということで、この指標は「出塁を許さない」度合いを示すものである。

平均的には1・2から1・4の値になることが多く、数値が少ないほど走者を許さない安定した投球をしていると評価する。1・0以下であれば、1イニングあたりに許した走者の平均が1人以下ということで、かなり優秀な投手であると評価される。

このWHIPは、メジャーリーグでは公式記録に採用されており、メジャーでのシ

ーズン最高記録（規定投球回数を満たす投手）は、２０００年シーズンにボストン・レッドソックスに在籍していたペドロ・マルチネスで、その値は０・74である。

また、日本球界では公式記録に採用されていないが、１９５０年に2リーグ制が施行されてからの投手記録を参考に算出したところ、シーズン最高記録は１９５９年に阪神の村山実《むらやまみのる》が記録した０・75で、ペドロ・マルチネスに匹敵する安定ぶりであった。

表25は、２０１０年シーズンのＷＨＩＰの上位10人を挙げたものである。

規定投球回数に達した投手では、広島の前田が０・98と１・０より小さい値となっていて、その年の前田の安定ぶりが窺《うかが》える。2位のダルビッシュも１・01というすばらしい記録を残している。

実は、ダルビッシュは２００７年から２００９年まで０・83、０・90、０・90と３年連続で１・０以下のＷＨＩＰを記録しており、近年の安定ぶりを物語っている。

一方、40イニング以上の方を見ると、やはりファルケンボーグがトップであることがわかる。

表25-1　2010年シーズンWHIP上位10投手
（規定回数以上）

順位	投　手	チーム	WHIP
1	前田健太	広島	0.98
2	ダルビッシュ有	日本ハム	1.01
3	成瀬善久	ロッテ	1.02
4	武田勝	日本ハム	1.07
5	岩隈久志	楽天	1.09
6	金子千尋	オリックス	1.12
7	久保康友	阪神	1.13
8	チェン	中日	1.14
9	館山昌平	ヤクルト	1.16
10	吉見一起	中日	1.17

表25-2　2010年シーズンWHIP上位10投手
（40イニング以上規定投球回数未満）

順位	投　手	チーム	WHIP
1	ファルケンボーグ	ソフトバンク	0.76
2	宮西尚生	日本ハム	0.80
3	林昌勇	ヤクルト	0.86
4	浅尾拓也	中日	0.87
5	攝津正	ソフトバンク	0.89
6	森福允彦	ソフトバンク	0.90
7	朝井秀樹	巨人	0.97
8	建山義紀	日本ハム	0.98
9	榊原諒	日本ハム	0.99
10	久保裕也	巨人	1.04

規定回数以上の投手に比べて全体的に数値が小さいが、ＷＨＩＰは、走者の引き継ぎなどの関係で、先発投手に比べ防御率での評価がしづらいリリーフ投手、特にショートリリーフの投手の評価に比較的有効な指標となっているのである。

6 「ゴールデングラブ賞」は本当に守備能力を評価しているか

打者や投手としての成績は比較的数値が取りやすいものだが、守備の能力はなかなか表《おもて》に現われにくい。個々のファインプレーなどは印象に残りやすいが、ではシーズンを通してどうだったかというと、なかなか判断が難しいのではないか。

プロ野球では、守備の卓越した選手としてゴールデングラブ賞が選ばれるが、その受賞者は本当に守備力が〝1番〟なのだろうか。

選手個人の守備能力を測る指標として真っ先に思いつくのは、「守備率」というものだろう。守備率は、

守備率＝｛（刺殺）＋（補殺）｝／｛（刺殺）＋（補殺）＋（失策）｝

で定義される。

なお、「刺殺」とは、打者や走者を直接的にアウトにするプレーに、「補殺」とは、

間接的にアウトに関与したプレーに記録されるものである。

具体的な例でいえば、三塁手がゴロをさばき、１塁に送球して打者走者をアウトにするプレーにおいては、一塁手に「刺殺」が記録され、三塁手に「補殺」が記録される。

また、外野手がフライをダイレクトキャッチすることによって記録されるのは「刺殺」で、イチローがレーザービームによって３塁でランナーをアウトにした場合、イチローに記録されるのは「補殺」である。

この守備率の値が高い選手は、守備機会に対する失策の比率が低い選手であることは、式の定義からも明らかだが、そのことがそのまま「守備能力の高さ」を反映しているとはいえないのである。

「失策が少ない選手」が「守備能力の高い選手」と見なせない理由の１つとして、守備率には「守備範囲の広さ」が考慮に入っていないことがある。

守備範囲が狭く、きわどい打球への捕球動作を行なわなければ、それはヒットとして処理され、守備率に影響を及ぼさないが、逆に守備範囲が広く、きわどい打球への捕球を試みて失敗し、記録員からエラーと判定されてしまえば、守備率は下がってしまうのである。

またさらなる理由として、きわどい打球をはじいたとき、その打球が記録員の主観によって「ヒット」であるか「エラー」であるかが判定されるため、守備率を客観的な守備力評価として見なせないということもある。

そこで「どれだけエラーをしないか」よりも「どれだけアウトが稼げる守備ができたか」を評価する指標の方が有益であるというセイバーメトリクスの観点から新しい守備評価が生み出されてきた。

ただし、やはり守備の評価を完全に客観的な視点で評価することはとても困難である。ここでは、現在メジャーリーグでよく用いられている2つの指標を見てみよう。

失点を減らす守備とは――「RF」

「アウトを稼げる守備」を行なうことは、すなわち「失点を減らす」ことに貢献していることになる。そういった積極的な守備を数値的に評価するための指標として、

「RF（Range Factor）」がビル・ジェームズによって考案された。RFとは選手が1試合（9イニング）あたりにどれだけアウトに関与できたかを示す指標であり、

RF＝9×｛（刺殺）＋（補殺）｝／（守備イニング）

で定義される。この値が高いほど、守備範囲が広くアウトを稼ぐ能力が高い選手として評価できるのである。このRFはメジャーでは公式記録に採用されている指標となっている。

RFは守備位置によってアウトへの関与の比率が異なるため、守備位置が違う選手同士でRFを比較するのは意味がないことである。

また捕手の場合、「刺殺」のほとんどが三振によるものであるし、一塁手の「刺殺」も内野手からの送球を捕球して得るものがほとんどであるので、この2つのポジションについてはRFによって個人の守備評価を行なうことはない。

表26は、日本プロ野球の2010年シーズンにおける二塁手、三塁手、遊撃手、外野手のRFの値を示したものだ。対象選手は守備イニングが300イニング以上の選手とした。

表26　各ポジションの選手のレンジファクター（RF）とゴールデングラブ賞受賞者

左翼手

選手名	GG	RF	守備率	守備イニング	刺殺	補殺	失策
嶋重宣（広）		2.06	0.985	581 1/3	132	1	2
T－岡田（オ）		1.97	0.977	786 2/3	168	4	4
福地寿樹（ヤ）		1.93	0.990	467	101	99	1
マートン（神）		1.92	0.958	324	69	0	3
リンデン（楽）		1.89	0.987	371	77	1	1
大松尚逸（ロ）		1.87	0.992	1214 2/3	246	6	2
飯原誉士（ヤ）		1.85	0.987	364	75	0	1

中堅手

選手名	GG	RF	守備率	守備イニング	刺殺	補殺	失策
赤松真人（広）	○	2.64	1.000	507	143	6	0
浅井良（神）		2.43	0.971	370 1/3	98	2	3
岡田幸文（ロ）		2.42	1.000	402	107	1	0
天谷宗一郎（広）		2.37	0.983	641 2/3	163	3	1
聖澤諒（楽）		2.31	0.993	1112	280	5	2
糸井嘉男（日）	○	2.29	0.984	1203 1/3	302	4	5
栗山巧（西）	○	2.26	0.994	1277 1/3	316	5	2
長野久義（巨）		2.22	0.980	393	97	0	2
荻野貴司（ロ）		2.21	0.971	404	97	2	3
青木宣親（ヤ）	○	2.17	0.990	1265	300	5	3
長谷川勇也（ソ）		2.17	0.992	996	236	4	2
大島洋平（中）		2.14	0.994	735 1/3	171	4	1
清田育宏（ロ）		2.10	0.975	330	76	1	2
松本哲也（巨）		2.08	0.994	667 1/3	149	5	1
坂口智隆（オ）	○	2.08	0.996	1182 2/3	266	7	1

右翼手

選手名	GG	RF	守備率	守備イニング	刺殺	補殺	失策
桜井広大（神）		2.35	0.966	543 1/3	141	1	5
廣瀬純（広）	○	2.25	0.993	1102 1/3	265	10	2
野本圭（中）		2.05	1.000	451 1/3	98	5	0
高山久（西）		2.04	0.985	897	203	0	3
サブロー（ロ）		2.03	0.995	943 2/3	209	4	1
鉄平（楽）		1.91	0.981	951	198	4	4
内川聖一（横）		1.90	1.000	630 2/3	127	6	0
赤田将吾（オ）		1.90	0.983	545 2/3	112	3	2

二塁手

選手名	GG	RF	守備率	守備イニング	刺殺	補殺	失策
カスティーヨ（横）		6.41	0.977	896	257	381	15
平野恵一（神）	○	6.13	0.986	963 1/3	305	351	9
堂上直倫（中）		5.77	0.995	654	179	240	2
田中賢介（日）	○	5.77	0.980	1273 1/3	343	473	17
本多雄一（ソ）		5.75	0.987	1287 1/3	415	408	11
田中浩康（ヤ）		5.71	0.989	1238	317	468	9
高須洋介（楽）		5.67	0.992	814 2/3	215	298	4
井端弘和（中）		5.60	0.996	366 1/3	114	114	1

三塁手

選手名	GG	RF	守備率	守備イニング	刺殺	補殺	失策
草野大輔（楽）		3.16	0.967	330	27	89	4
今江敏晃（ロ）		2.86	0.957	1203 2/3	125	257	17
森野将彦（中）		2.78	0.952	1230 1/3	97	283	19
小笠原道大（巨）		2.74	0.942	795 1/3	71	171	15
阿部真宏（西）		2.63	0.957	304 2/3	27	62	4
石井琢朗（広）		2.61	0.968	310 2/3	18	72	3
原拓也（西）		2.58	0.990	362 2/3	25	79	1
中村紀洋（楽）		2.58	0.955	814	62	171	11
宮本慎也（ヤ）	○	2.46	0.959	1037 2/3	87	197	12
脇谷亮太（巨）		2.41	0.967	437	38	79	4
小谷野栄一（日）	○	2.36	0.965	1248 1/3	72	256	12

遊撃手

選手名	GG	RF	守備率	守備イニング	刺殺	補殺	失策
飯山裕志（日）		5.40	0.984	398 2/3	68	171	4
金子誠（日）		5.12	0.974	657 2/3	113	261	10
梵英心（広）	○	4.88	0.990	1277 1/3	230	462	7
坂本勇人（巨）		4.78	0.970	1279	238	441	21
鳥谷敬（神）		4.72	0.989	1235 1/3	205	443	7
荒木雅博（中）		4.70	0.968	1165	226	383	20
大引啓次（オ）		4.70	0.982	644	119	217	6
渡辺直人（楽）		4.68	0.984	916 2/3	165	312	8
西岡剛（ロ）	○	4.62	0.972	1288 2/3	222	440	19

GGはゴールデングラブ賞受賞者。ポジションごとにセ・パ1人ずつ、外野手はまとめて3人ずつが選ばれる。データは2010年シーズン。

表の上位のメンバーを見て、どのように感じるだろうか。

2010年シーズンのゴールデングラブ賞に選出された選手の中でも、RFが上位にいない選手がしばしば見受けられる。

この賞はプロ野球担当記者の投票によって決定されるため、印象に残るプレーを多く行なった選手が選出されやすいと思われる。特に外野手の場合は、補殺の数が多いと印象に残る傾向があるように見受けられる。もしくは守備率が最高ということで選ばれたり、打撃の成績が目立つために選ばれたりすることもあるだろう。

なお、RFは自チームのピッチャーの三振奪取能力が高ければ、それだけ野手がアウトに関与する機会が少なくなるので、RFも低くなる傾向にあることも考慮に入れなければならない。

その他、ゴロとフライの比率、投手の左右などもRFに影響するため、それらの補正をかけて算出する「RRF（Relative Range Factor）」がビル・ジェームズ自身によって提案されている。

守備範囲をどれだけ処理できたか――「ZR」

「刺殺」「補殺」「失策」の数値だけで守備能力を評価することには限界がある。

そこでアメリカのデータ会社STATS社は、その選手の守備範囲内に飛んできた打球をどれだけ処理できたかを示す指標によって、その選手の守備能力を測ろうと試みた。そして開発された指標が「ZR（Zone Rating）」である。

ZRは、

ZR＝｛（受け持ちのゾーンの打球処理数）＋（ゾーン外での処理数）｝／（受け持ちのゾーンの打球総数）

で表わされる。

ここで問題となるのが「受け持ちのゾーン」とは、フィールド上のどの範囲を指すものなのかということである。このゾーンの判定はSTATS社があらゆるプレーのビデオ映像によって解析した結果によって行ない、そのポジションの選手であれば来た球を50％以上の確率で処理できるとみなされた範囲のことをそのポジションの「受け持ちのゾーン」と判断している。

アウトにどれだけ関与したかで守備貢献を測るRFよりも、客観的な数値評価によって割り出された守備範囲という基準に基づいて算出されるZRは、より精度の高い守備評価指標として、アメリカのメディアで多く公表されている。

しかし、このZRにも欠点がないわけではない。まずこの算出基準がSTATS社の基準によるところが大きく、個人で算出するのは不可能である。

またゾーン内に飛んできた打球の処理の難易度（ゴロ、フライの違いや、打球の速度など）の影響や、守備範囲を超えて処理したファインプレーなどが考慮されていない。例えばショートの正面に飛んできた緩いゴロでも、三遊間の深い場所に飛んできたゴロでも同じ重みとして処理されてしまう。

そのため、ゾーンの難易度やヒットになった場合の影響、さらには内野手の併殺能力、外野手の肩の強さなどの影響を考慮に入れ、平均的な選手よりもどれだけ失点を減らしたかということを示す「UZR（Ultimate Zone Rating）」という指標がセイバーメトリシャンのMitchel Lichtmanによって提案されていて、現在でもその完成度や信頼性から守備能力を評価する上で欠かせないものとなっている。

日本でも、現在データスタジアム社によって日本版ＵＺＲが開発されていて、日本プロ野球の選手の守備能力を測る指標として有用となることだろう。

第3章

日本とアメリカとの「常識」の違い

1 メジャーでヒットエンドランをしないのはなぜか

「玉砕戦法」のヒットエンドラン

2009年8月23日、ニューヨークのシティ・フィールドで行なわれた、フィラデルフィア・フィリーズ対ニューヨーク・メッツの試合で「ミラクル」が起きた。3回表終了時には、8対2とメッツが大きくリードされていた。しかし、ここからメッツがいろいろな意味でミラクルを起こすことになるのだ。

まず3回裏に、ペイガンのランニングホームランを含む反撃で2点を返し8対4、その後7回裏に1点で8対5、8回は両チーム1点ずつ入れ9対6、そして9回裏、メッツは3点ビハインドの状態で攻撃を開始する。

1番ペイガンの打球はファーストのエラーを誘い、ペイガンは一気に3塁へ。続く2番のカスティーヨもセカンドエラーで出塁、ペイガンがホームに帰り、これで9対

7。3番マーフィーのときに、ヒットエンドランを敢行、打球はセカンドへ、しかしこれが内野安打となり、ランナー1、2塁。

次は4番のフランコア、ここでホームランが出れば逆転サヨナラという状況である。ボールカウント、2ストライク・2ボールになったところで、メッツはまたヒットエンドランを敢行、2人のランナーが走りだす。そしてフランコアの打球はセンターに向かうヒット性の当たり。

しかし、その打球が向かう先にいたのは、あらかじめベース寄りに守備位置を変えていたセカンドのブラントレット。打球をダイレクトキャッチして、バッターアウト、すぐさま2塁を踏み、飛び出していたセカンドランナーもアウト。そして1塁に向かっていたマーフィーにグラブタッチして3アウト。

なんと、セカンド1人でトリプルプレーを完成させ、試合も終了。結局9対7でフィリーズが勝利したという試合であった。

現在のメジャーでは、「ヒットエンドラン」は、リードをされているときの玉砕戦法という扱いであることが多いと聞く。先の例のように、メッツはリードされている場面、しかも9回裏という切羽詰まった場面で実行している。そして、ここではヒットエンドランの効用とリスクが両方出現したことになる。

ヒットエンドランを仕掛けることの利点には、内野に打球が飛んだときでも、併殺を免れやすいということがある。またセカンド、ショートがベースカバーに入るため、一二塁間、もしくは三遊間が広く空くことによってヒットゾーンが広くなる。そしてヒットになったら、ランナーの進塁数も増加が期待できる。

しかしながら、一方で、ヒットエンドランを仕掛けることによるリスクもある。リスクとしては、ライナー性の打球による併殺の可能性が高いということ、もしくはバッターが空振ることによって、単独盗塁の形になり、盗塁をあまり試みない走者にとってはアウトになる確率が高くなるということなどが挙げられる。

また確率としてはとても希少ではあるが、先の例のような三重殺の危険性もはらむのだ。

ヒットエンドランによる勝率の変化は

メジャーでは、玉砕戦法にしか使われなくなったヒットエンドランであるが、その原因は、効用から生まれる勝利確率の上昇とリスクから生まれる勝利確率の減少を天秤《てんびん》にかけたとき、そんなに差がないことによるものであると思われる。それをデータで証明してみよう。

先の状況と同じ、2点ビハインドで迎える9回裏ノーアウトランナー1・2塁、2ストライク・2ボールでヒットエンドランを仕掛けたとして、その「損得勘定」を試算してみる。

まず、上記のシチュエーションでの勝利確率は29・7%である。そこから起こりうる結果と、その勝利確率の増減をまとめたものが表27－1である。なお、打者がボールをバットに当てなかったときの盗塁成功率は、データから3分の2であるとして計算をしている。

この計算の結果、ヒットエンドランによって期待される勝利確率の増減は、マイナス1・8%となり、わずかながらではあるが減少するということがわかった。

では、同点のときではどうだろうか。同様に計算してみた結果が表27－2である。同点で迎える9回裏ノーアウトランナー1・2塁、2ストライク・2ボールでの勝利確率は76・5％である。計算の結果、勝利確率の増減期待値は、マイナス0・2％とほとんど変化がないということがわかる。

つまり、ヒットエンドランはそれによって起こる利点とリスクの比率がほぼ同等、もしくは若干ではあるがリスクの方が大きい作戦であることが統計学的にいえるのである。

そのため、メジャーでは同点、リード時に行なうことは少なく、大幅にリードされているときに一か八かの戦法として用いられるということである。

この戦法が成功したときのチームのムードが良くなる効果もあり、チームを鼓舞《こぶ》する意味で用いられることも考えられる。また、リードされている状況で、ランナーがいるのに、何も仕掛けないで手をこまねいているよりは、相手への陽動も与える意味も含めて、走らせた方がよいと考えるのは、わからないでもない。

なお、この結果はあくまでも期待値であるので、ランナーの盗塁能力や、バッター

表27-1　ヒットエンドランによる勝率の変化（2点ビハインド）

状　況	確率	結　果	勝利確率	増減
ストライクで盗塁成功	10.6%	1アウト2・3塁	26.2%	−3.5%
ストライクで盗塁失敗	5.3%	2アウト2塁	4.4%	−25.3%
ボールで盗塁成功	13.3%	0アウト2・3塁カウント2−3	38.2%	8.5%
ボールで盗塁失敗	6.7%	1アウト2塁カウント2−3	12.5%	−17.1%
ファール	31.1%	0アウト1・2塁カウント2−2	29.7%	0.0%
ゴロ	11.0%	2アウト3塁	4.5%	−25.2%
フライ	9.3%	1アウト1・2塁	20.0%	−9.7%
ライナー	0.8%	試合終了	0.0%	−29.7%
ヒット	8.5%	1点ビハインド0アウト1・3塁	52.0%	22.4%
二塁打	2.0%	同点0アウト2塁	76.8%	47.1%
三塁打	0.2%	同点0アウト3塁	82.3%	52.6%
本塁打	1.2%	サヨナラ勝ち	100.0%	70.3%
勝利確率の増減の期待値				−1.8%

表27-2　ヒットエンドランによる勝率の変化（同点）

状　況	確率	結　果	勝利確率	増減
ストライクで盗塁成功	10.6%	1アウト2・3塁	74.7%	−1.8%
ストライクで盗塁失敗	5.3%	2アウト2塁	61.4%	−15.2%
ボールで盗塁成功	13.3%	0アウト2・3塁カウント2−3	81.9%	5.4%
ボールで盗塁失敗	6.7%	1アウト2塁カウント2−3	69.2%	−7.3%
ファール	31.1%	0アウト1・2塁カウント2−2	76.5%	0.0%
ゴロ	11.0%	2アウト3塁	63.2%	−13.3%
フライ	9.3%	1アウト1・2塁	70.4%	−6.1%
ライナー	0.8%	延長	50.0%	−26.5%
ヒット	8.5%	サヨナラ勝ち	100.0%	23.5%
二塁打	2.0%	サヨナラ勝ち	100.0%	23.5%
三塁打	0.2%	サヨナラ勝ち	100.0%	23.5%
本塁打	1.2%	サヨナラ勝ち	100.0%	23.5%
勝利確率の増減の期待値				−0.2%

のミート力が高い選手が行なうことによって、ヒットエンドランの効果を上げることは可能であるだろう。

ちなみに、先に紹介した試合での、フィリーズのセカンド、ブラントレットが達成した、無補殺三重殺、つまり1人でトリプルプレーを完成させたというのは、メジャーでは15例目であった。また日本では、1967年7月30日の阪急ブレーブス対東京オリオンズの試合で、阪急の二塁手、住友平《すみともたいら》が達成している。

2 メジャーではキャッチャーの配球は評価されない？

キャッチャーの地位を高めた野村克也

南海ホークスの野村克也《のむらかつや》、最近では東京ヤクルトの古田敦也《ふるたあつや》が、選手兼任監督としてマスクをかぶっていた。また、現役時代にキャッチャーだった監督が、優秀な結果を残すことも多い。

日本のプロ野球において、キャッチャーは「グラウンド内の監督」といわれるくらいの影響力を持つ重要なポジションという認識である。このように日本において、キャッチャーの重要性が語られるようになった一因として、野村克也の功績が挙げられる。

「ささやき戦術」と呼ばれる現役時代に培《つちか》った駆け引き技術や、現役引退後の取材で収集した情報などを元に執筆した週刊朝日の連載記事、さらには「野村スコープ」

と呼ばれる、ストライクゾーンを9分割してテレビ画面上に表示したものを用いて行なうテレビ朝日での野球解説によって、キャッチャーの配球の重要性を広く一般に知らしめた。

また、1990年にヤクルトの監督に就任したあと、「ID野球」を標榜《ひょうぼう》して、その年ドラフト2位で獲得した古田敦也を球界屈指の捕手に育て上げるとともに、チームを4度のリーグ優勝、うち3回は日本シリーズ優勝に導く。

マスコミへの対応の良さも手伝って、次第に「キャッチャーの配球」が野球の試合において大変重要な役割を与えているのだという認識が、世間にも広がっていくのである。ちなみに「ささやき戦術」や「生涯一捕手」「ID野球」「F1セブン」などは、ほとんどが野村自身の考案したものであると聞く。このようなマスコミ受けするネーミングセンスは敬服に値する。

このように、日本ではキャッチャーの役割は、配球や守備位置の指示に至るまで守備全般の要《かなめ》といっていい。

「配球」はセイバーメトリクスで評価できるか

　では、メジャーではキャッチャーの配球技術は、どのくらいの評価を得ているのであろうか。実は、メジャーではキャッチャーの配球についての評価はほとんどなされていないというのが現状である。

　セイバーメトリクス的にも、捕手の試合中における配球技術を評価する指標はほとんどない。あったとしても、捕手の防御率を示す「ＣＥＲＡ（Catcher's Earned Run Average)」くらいで、これを配球に対する評価値と考えるにはかなり無理がある。

　というのも、配球でキャッチャーを統計学的に正当に評価するのはかなり難しい。1つの要因として、メジャーでは配球の主導権はピッチャーにあることが多い点が挙げられる。ピッチャーがその日の自分の得意球を中心に配球を構成し、キャッチャーへサインを送り、キャッチャーはそのサインをもとに構える。つまりメジャーでは、配球はピッチャーの仕事であるという認識であることが多い。

　また配球を統計学的に評価するにはノイズが大きすぎるのである。まず、配球が企画通りのものかを判断するのが困難である。つまり打ち取った投球にしても、打たれた投球にしても、それが意図して投げられたものなのか、投球ミスによるものなのかは、バッテリーにしかわからないことで、それを客観的に判断する材料はないのである。

いくらコントロールが優れているピッチャーでも、投げ損じはあるだろうし、「荒れ球」の投手であっても、逆にそれが打者に的を絞らせないという意味で打ちにくいということもある。

セイバーメトリクスでも、配球の評価はこれからの課題である。ちなみにMLBのホームページでは、モーションキャプチャーによって取り込まれた投球の軌道を、データベースから閲覧することが可能である。

では、メジャーにおけるキャッチャーの評価はどこを重点としているのかといえば、配球のセンスよりも、打撃、盗塁阻止率、捕手の守備にあるといえる。

捕手の守備の評価は、捕手の守備率で判断する。さらには、縦に変化する球種が多くなった昨今、ボールを後ろに逸らさない技術も重要になってくる。これについては、パスボールの少なさで評価できる。

２０１０年度、メジャー・ナンバー1キャッチャーとの呼び声も高いミネソタ・ツインズのジョー・マウアーの守備率は、０・９９６でその年のキャッチャー部門で最高の成績であった。

盗塁阻止率も、捕手を評価する上で重要な指標といえる。塁上からランナーを消し、さらにはアウトカウントを増やす行為は、チームの勝利に大いに貢献するプレーである。

捕手として史上最多13回のゴールドグラブ賞を獲得し、１９９０年代以降のメジャーを代表するキャッチャー、イバン・ロドリゲス（現在はワシントン・ナショナルズ所属）の強肩ぶりは目を見張るものがあった。２００１年シーズンには０・６０３という盗塁阻止率を記録したことがある。

日本でも、盗塁阻止率はキャッチャーの重要な評価指標として捉えられている傾向にある。

日本で強肩キャッチャーとして名高いのは、東京ヤクルトの古田敦也だろう。

１９９１年のオールスターゲームにおける1試合３盗塁阻止でのＭＶＰは印象的な

表28　日本プロ野球史上の強肩キャッチャー

（数値は盗塁阻止率）

田淵幸一（阪神）		大矢明彦（ヤクルト）		古田敦也（ヤクルト）	
1969年	0.534	1970年	0.568	1990年	0.527
1970年	0.552	1972年	0.550	1991年	0.578
1972年	0.541	1974年	0.552	1993年	0.644
1973年	0.519	1976年	0.500	2000年	0.630

ここに挙げた3人は、シーズン5割以上の盗塁阻止率を4度記録した強肩キャッチャーの代表である。

出来事であるし、データで見ても1993年は0・644（日本プロ野球史上最高）、2000年は0・630と2度盗塁阻止率が6割を超えるシーズンがあり、通算でも0・462は日本プロ野球界で1位の成績である。

また、阪神に入団したばかりの頃の田淵幸一《たぶちこういち》や2007年〜09年シーズンに横浜の監督を務めた大矢明彦《おおやあきひこ》（ヤクルト）は、盗塁阻止率5割を超える強肩キャッチャーであった。

このようにキャッチャーをデータから評価するには、盗塁阻止率や、守備率を用いて行なうことがセイバーメトリクス的にも正当なのではと考える。

さらにいえば、やはり野球選手である以

上、打力も評価に入れなければならないだろうし、メジャー、もしくは日本のプロ野球で名キャッチャーと評価される選手は、打撃の成績も加味されているところはあるだろう。

メジャー史上最高のキャッチャーと称され、シンシナティ・レッズの黄金期を支えたジョニー・ベンチ（彼の背番号5は永久欠番である）は、2度の本塁打王に輝いている。野茂英雄《のもひでお》の女房役として有名だったマイク・ピアッザも打力の評価が高い選手である。また前述のイバン・ロドリゲスにしても、ジョー・マウアーにしても優れた打撃センスがあるからこそ、メジャーのキャッチャーとして評価が高いということもあるだろう。

もちろん、日本のプロ野球にしても、古田敦也は首位打者に、田淵幸一は本塁打王に輝いている。打撃も超一流の選手なのである。

野村克也も打者としての成績がずば抜けているのである。657本塁打は日本プロ野球歴代2位だし、1965年には三冠王に輝いている。この成績の裏付けがあるからこそ、彼の野球理論に説得力も生まれてくるのであろう。

3 「ホームランバッターは3番打者」はメジャーの常識か？

日本では4番？　メジャーは3番？

メジャーで名だたるホームランバッターといえば、ベーブ・ルース、ハンク・アーロン、ウィリー・メイズ、さらにはマーク・マグワイア、サミー・ソーサ、バリー・ボンズなどが挙げられる。

ホームランバッターといえば4番というのが日本では一般的な印象だが、これらの選手に共通するのは、「3番打者」のイメージが強いということである。

ベーブ・ルースがつけていた背番号3は、1929年にニューヨーク・ヤンキースが、遠くのファンにも選手を識別してもらえるよう背中に大きく打順の番号をつけたとき、ルースが主に3番を打っていたことの名残《なごり》である。ちなみに、ルー・ゲーリックの背番号4も4番打者であったことに由来する。

また、１９９８年にマグワイアとソーサがハイレベルなホームラン王争いを行なっていたとき、マグワイアはセントルイス・カージナルスの３番で、ソーサはシカゴ・カブスにおいて、全試合の４分の３で３番を任されていた。

２００１年にシーズン最高記録の73本塁打を記録したボンズは、サンフランシスコ・ジャイアンツで主に３番を務めていた。

このように、メジャーリーグではホームランバッターは３番に据《す》えることが多いように思われるのだが、実際のところはどうなのだろうか。そもそも、日本の「ホームランバッターは４番」という常識に根拠はあるのだろうか。

ここでは２０１０年のメジャーの記録からそれを検証し、さらに、長打を打てる打者は３番にした方がよいのか、４番にした方がよいのかを得点期待値の観点から比較してみる。

まず、２０１０年シーズンにおいて、メジャー30球団で最も多く３番もしくは４番を任された打者について調査した。

どちらがより多くのホームランを打ったかを比較したところ、３番打者の方がより多くのホームランを打っていたチームは、13チームで過半数に達していない。ということは、実はメジャーでもやはりホームランバッターは4番を打つケースが多いようである。

しかし、細かく見てみると以下のことがわかる。

現役メジャー最高のバッターとの呼び声も高く、10年連続で3割・30本塁打（さらに100打点）を記録しているセントルイス・カージナルスのアルバート・プホルスは3番打者だし、スイッチヒッター歴代3位の436本塁打を放っているチッパー・ジョーンズはアトランタ・ブレーブスの不動の3番である。

さらには2010年のホームラン王（54本塁打）、トロント・ブルージェイズのホセ・バウティスタも3番打者である（ちなみにバウティスタは2008年のオフに阪神が獲得候補選手にリストアップしていたとの報道があった選手である。結局獲得には至らず、ケビン・メンチが入団した）。

こういったホームラン打者として有名な選手が3番を務めることが多いために「ホームランバッター＝3番打者」のイメージが強くなるのだろうか。さらに検証を進めるため、別の指標で3番打者と4番打者の比較を行なってみる。

ここで用いる指標は「ＯＰＳ」という指標である。ＯＰＳとは、出塁率と長打率を加算したもので、打者の得点能力との相関が高く、打者の評価基準として有効な指標なのである。

この値で比較してみると、30チーム中18チームにおいてＯＰＳが大きい方の打者が3番を務めていたことがわかった。ホームランだけでなく他の指標も含めた「チーム最強の打者」が、3番を務めることが多いということがいえる。


最強の打者は3番にすべきか、4番にすべきか

では、なぜメジャーではそのようなバッティングオーダーを組むのであろうか。そこで、得点期待値によって3番最強オーダーと4番最強オーダーを比較してみる。まず前提条件として、1番打者から4番打者までの打撃成績を表29のように設定する。
1、2番の打率は、２０１０年のメジャーリーグの実際の1、2番の成績を参考に設定した。また3番と4番については、ホームランの出る確率に0・04の差をつけ

表29　4番最強チームと3番最強チームのどちらが強いか

4番最強チームの打撃確率

	1番	2番	3番	4番
単　打	0.17	0.17	0.16	0.16
二塁打	0.04	0.04	0.05	0.05
本塁打	0.02	0.02	0.03	0.07
四死球	0.09	0.09	0.10	0.10
三　振	0.15	0.15	0.17	0.17
凡　打	0.53	0.53	0.45	0.45

↓

得点期待値：0.530

3番最強チームの打撃確率

※1、2番は「4番最強チーム」と同じ

3番	4番
0.16	0.16
0.05	0.05
0.07	0.03
0.10	0.10
0.17	0.17
0.45	0.45

↓

得点期待値：0.542

た。

このデータに基づいて、両チームの得点期待値を計算したところ、4番最強オーダーの得点期待値が0・530だったのに対し、3番最強オーダーは0・542と、わずかではあるが3番に最強打者を置いた方が、得点期待値が高くなるという結果を得た。

ただ、その差は0・012であるので、いうほど大きな差といえるわけでもない。

ホームランバッターの打順について、さらに興味深いデータを得ることができた。

表30は、1993年以降のホームランバッターが、どの打順を何打数任されたかを

示した表である。これを見ると、総じてホームラン数が増えるにつれて３番を打つことが多くなり、ホームラン数が減少するごとに次第に４番に座る傾向があるように見受けられる。

ボンズやソーサ、マグワイアなどはそのような傾向が強く見受けられる。これにはいくつかの理由が思い浮かぶ。まず、ホームラン王を狙える選手、もしくはホームラン数によるインセンティブ契約をしている選手に、より多くの打席に立ってもらい、ホームランの実数を稼いでもらうためではないかという理由が考えられる。

さらには、３番打者は第１イニングに必ず打順が回ってくる。そのためボールパークに来場しているファンやテレビ観戦しているファンに、チームで売り出し中の選手をより多くお披露《ひろめ》目しようというサービス的な理由も、もしかしたらあるのではないだろうか。

他にも「ベーブ・ルースが３番だったから」などという理由もまことしやかに言われているが、先に述べた「営業的」な理由によって３番最強説があるのではないかと思われる。

表30 メジャーリーグ　ホームランバッターの打順（3番・4番）とホームラン数の関係

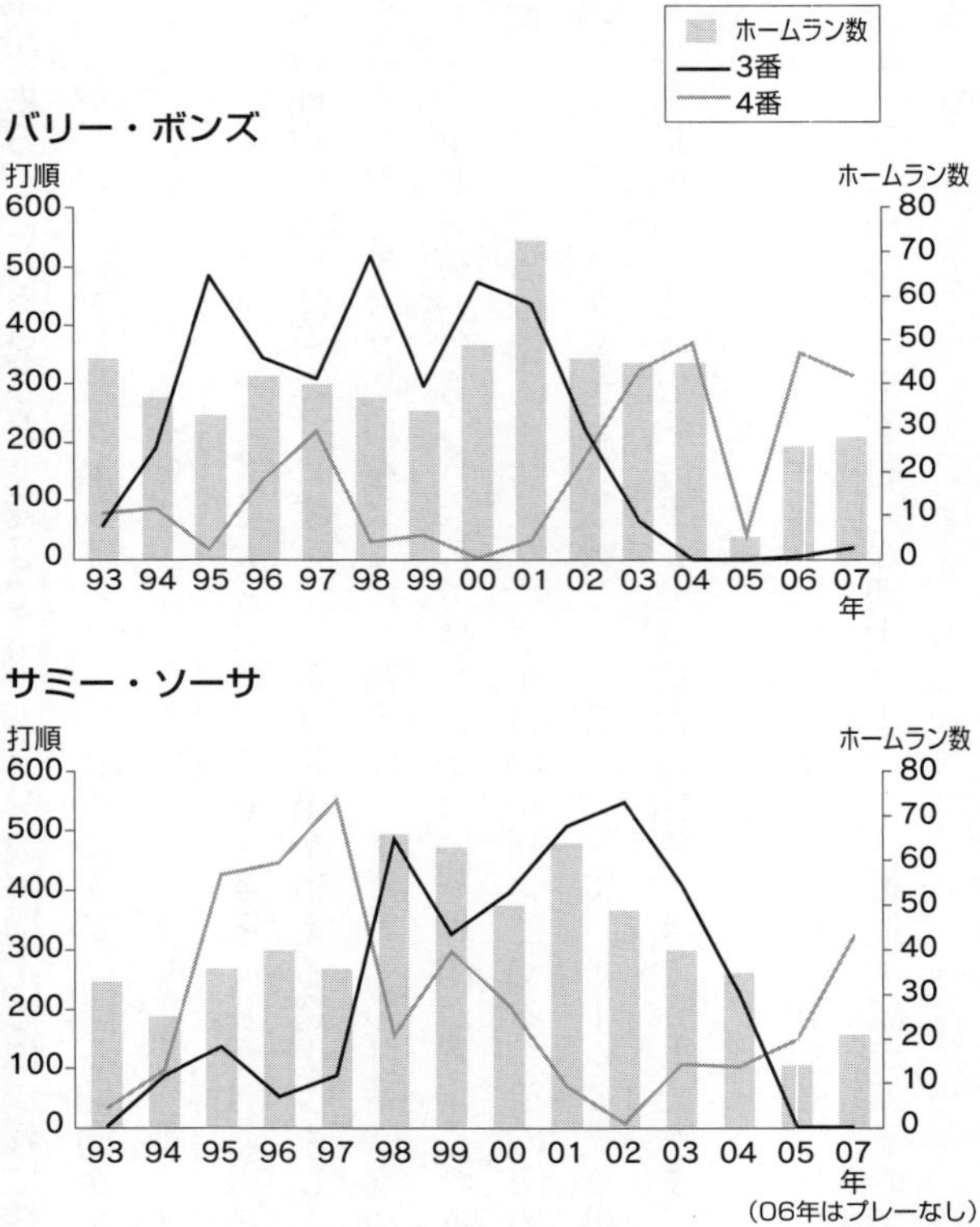

メジャーのホームランバッターにおける、シーズンの打順（3番、4番それぞれの試合数）と年間ホームラン数を並べたもの。全体として、ホームラン数が増える全盛期ほど3番、円熟期にさしかかるころから4番というパターンが多いように見える。

マーク・マグワイア

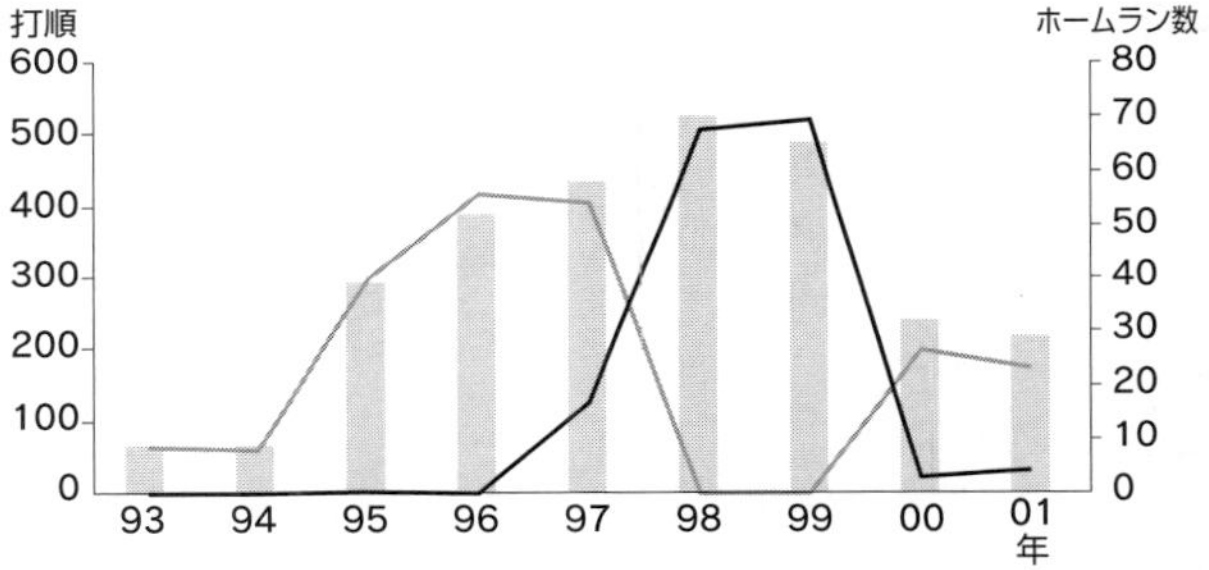

ケン・グリフィ・ジュニア

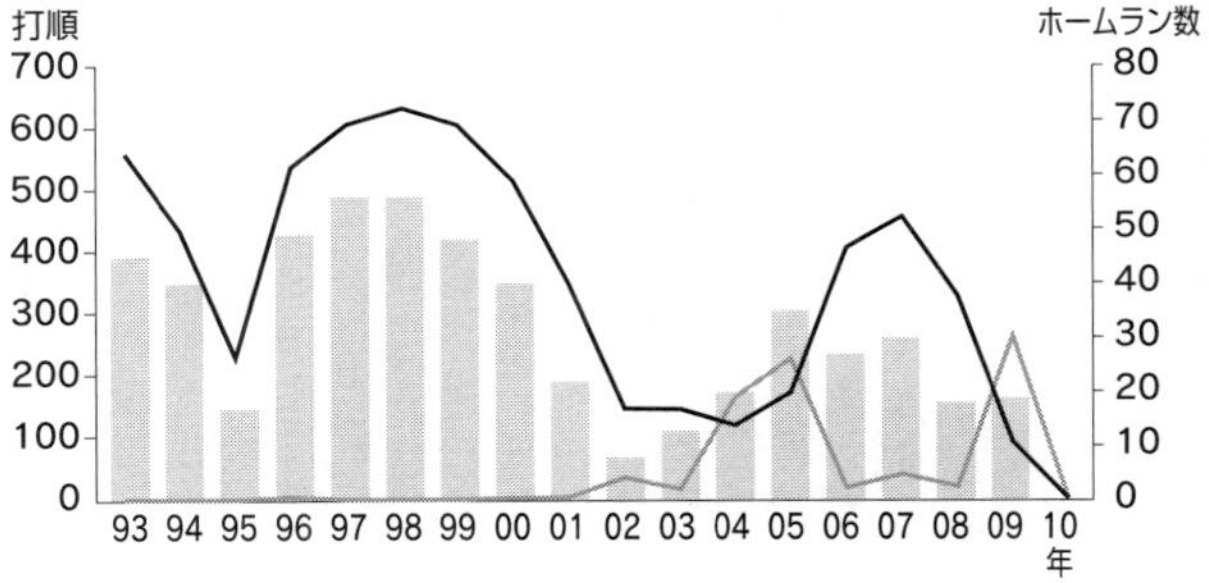

アレックス・ロドリゲス

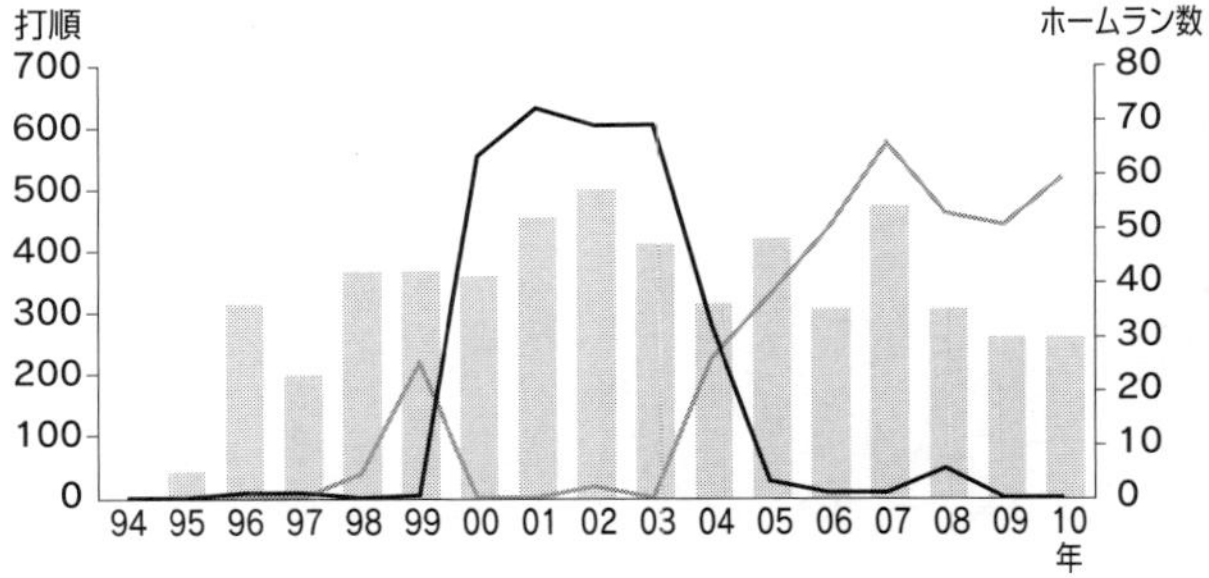

余談だが、日本でも王貞治は1974年までは3番を打つことが多く、通常4番を任されていた長嶋茂雄《ながしましげお》が引退したあと、引退するまでは不動の4番だった。

また、松井秀喜も巨人に落合博満や清原和博が在籍していた1999年までは、ほぼ3番を任されており、2000年以降メジャーに移籍するまでの間は4番に座るようになった。

第4章

高校野球は「スポーツ」か？「教育」か？

――アマチュアとプロの違い

1 4割バッターにバントをさせる高校野球

ランナー1塁の状況で犠牲バントを行ない、アウトを1つ増やしてランナーを2塁に進める戦術は、プロ野球においては勝利確率を下げてしまうため、有効な戦術といえないということは、第1章で述べた。

では、高校野球において犠牲バントという戦術は有効であるといえるかどうかを統計学的に検証してみたい。

それにしても、高校野球における犠牲バントの多用は、少々目に余るものがあると感じていた。

実況「2回表、先頭の4番バッターがヒットで出塁しました。次の5番バッターですが、地方大会では4割以上の打率を残しているんですね。さぁ、バントの構えを見せています」

解説「ここはきっちり送って後続につなげたいですね」

これほど違和感のあることはない。地方大会と甲子園のレベルの違いがあるとはいえ、４割近い確率でノーアウトランナー１・２塁にできるチャンスを自らつぶし、相手にアウト１つを献上する戦術を選択する理由は何だろう。

チームのために行なう献身的なプレーはもちろん賞賛されるべきだが、それがチームを勝利に近づけるためのものでなければ意味がないだろう。

ただ単に「組織のための自己犠牲」を良しとするならば、それはスポーツと呼べるのだろうか。

話を戻すことにして、２００９年の夏の甲子園のデータをもとに、犠牲バントによる勝利確率の変動を検証する。

なお、高校野球での平均打率は２割７分６厘、出塁率は３割６分１厘であり、プロ野球のデータよりも若干多めである。

表31　高校野球でバントは有効か？

表31-1 後攻チームが1点差で負けている状況での勝利確率（単位：%）

	1回	2回	3回	4回	5回	6回	7回	8回	9回
ノーアウト ランナー1塁	48.6	48.4	48.2	47.8	47.2	46.2	44.5	40.9	34.9
1アウト ランナー2塁	46.4	46.1	45.7	45.1	44.2	42.7	40.4	35.7	28.0

表31-2 同点の状況での後攻チームの勝利確率（単位：%）

	1回	2回	3回	4回	5回	6回	7回	8回	9回
ノーアウト ランナー1塁	58.5	59.0	59.7	60.4	61.5	63.0	65.1	68.6	78.3
1アウト ランナー2塁	56.5	56.9	57.5	58.2	59.1	60.4	62.4	65.8	69.7

　しかしながら、ノーアウトランナー1塁の状況でも、ノーアウト2塁の状況でも、さらにはどの点差においても犠牲バントを成功させることによって勝利確率を上げる効果はなかった。その減少率はプロ野球のそれとあまり変わらない（表31－1、2）。

　特筆すべきは、9回裏ノーアウトランナー2塁での勝利確率が81・0％であったのに対して、1アウト3塁での勝利確率が80・3％でほぼ変化がなかったのである。

　これは、プロ野球選手ほどの犠牲フライを打つ技術がないことに加え、スクイズという戦術の成功率があまり高くないことにも起因するのではないかと想像する。

では、高校野球界でも屈指の好投手に対戦した場合、犠牲バントという戦術は有効であるといえるのであろうか。

ここで用いるデータは近年の高校野球界で「超高校級」といわれた6投手の成績である。

その6投手とは、

菊池雄星《きくちゆうせい》（花巻東高校　現・埼玉西武ライオンズ）
佐藤由規《さとうよしのり》（仙台育英学園高校　現・東京ヤクルトスワローズ）
田中将大《たなかまさひろ》（駒澤大学附属苫小牧《とまこまい》高校　現・東北楽天ゴールデンイーグルス）
堂林翔太《どうばやししようた》（中京大学附属中京高校　現・広島東洋カープ）
今村猛《いまむらたける》（清峰高校　現・広島東洋カープ）
岡田俊哉《おかだとしや》（智辯学園和歌山高校　現・中日ドラゴンズ）

である。

彼らのデータを集計したところ、被安打率は2割2分で平均被安打率2割7分6厘よりも5分も少ない。また与四球率は6％でこれは平均とあまり変わらないが、奪三

表32　高校野球でバントは有効か？（相手が優秀な投手の場合）

表32-1 後攻チームが1点差で負けている状況での勝利確率 （単位：%）

	1回	2回	3回	4回	5回	6回	7回	8回	9回
ノーアウト ランナー1塁	45.6	45.2	44.7	44.0	42.9	41.2	38.5	33.0	24.3
1アウト ランナー2塁	44.2	43.8	43.1	42.3	41.1	39.1	36.0	29.9	20.3

表32-2 同点の状況での後攻チームの勝利確率 （単位：%）

	1回	2回	3回	4回	5回	6回	7回	8回	9回
ノーアウト ランナー1塁	55.7	56.0	56.5	57.1	57.8	59.0	60.5	63.2	66.5
1アウト ランナー2塁	54.5	54.8	55.2	55.7	56.4	57.5	59.1	61.9	65.6

振率が26％と平均奪三振率の16％を10ポイントも上回っているのである。

このような投手に対してであれば、あるいは犠牲バントも有効なのではと思うかもしれない。

しかしながら、このデータをもとに勝利確率の変動を計算してみても、犠牲バントによって勝利確率が上昇するというシチュエーションはやはりなかった。ただ、勝利確率の減少は他の平均的なピッチャーに比べれば、少ないということはわかった（表32－1、2）。

なので、黙って三振するよりは、バントでボールをフェアゾーンに転がすことによって、相手のエラーを誘発するかもしれないという期待で犠牲バントを行なうというのなら話はわかる。

ともあれ、犠牲バントという戦術が高校野球においても、勝利確率を上昇させることはないのである。

高校野球が（勝敗にこだわらない）教育の一環であるというなら話は別だが、それがスポーツである以上、犠牲バントを命ずる監督は、そのプレーが勝利にどう結びつくのかを説明できなければならないのではなかろうか。

また、犠牲バントを最初からやらせるというのであれば、バントのしづらい金属バットを使わずに、木製バットを持たせてバントを命じれば成功率も上がるのではないだろうか。

2　1塁にヘッドスライディングをするべきか

実況「9回2アウトランナーなし、最後のバッターになってしまうのか。打ちました。ぼてぼての内野ゴロ。サードなんとか追いつき1塁に送球する、きわどいタイミング！　1塁にヘッドスライディング、どうだ？　間一髪アウト、試合終了です。しかし最後にガッツあふれるプレーを見せてくれました！」

闘志あふれるプレーの1つとして取り上げられるヘッドスライディングではあるが、このヘッドスライディングで1塁に滑り込む行為は、走り抜けてベースを踏む行為よりも有効であるといえるのだろうか。

プロ野球でヘッドスライディングといえば、阪神の亀山努《かめやまつとむ》を思い出す方も多いのではないだろうか。1989年シーズンから3年連続でウエスタン・リーグの首位打者となり、1992年シーズンには背番号を67から00に変更し、1軍に定着。1塁へのヘッドスライディングは甲子園のファンを沸かせた。

他にも1982年、83年にセ・リーグの盗塁王となった巨人の松本匡史《まつもとただし》は、盗塁の際や、牽制《けんせい》での帰塁の際にヘッドスライディングを行なうことによって、ズボンに大量の砂が入り込むことを防ぐため、つなぎのような特注のワンピースユニフォームを着用していたというエピソードを持つ。

巷《ちまた》では「ヘッドスライディングするより、走り抜ける方が速い。それはスライディングによってベース前で減速するからだ」という説が広く伝わっている。しかしそれを実験で証明した例というのを聞いたことがない。

むしろ、スライディングの方が走り抜けるよりも早く到達することを実験で示した例の方が多いのである。もちろん、スライディング技術に長《た》けている被験者であるという前提もあるのだろうが、ヘッドスライディングによって1塁に到達する時間を短縮することは可能であるといえそうである。

しかしながら、私が表題の「1塁にヘッドスライディングをするべきか」の問いに関して答えるならば、「ノー」といわざるを得ない。まず、ヘッドスライディングで短縮できる時間が0・1秒に満たないのであれば、それほど判定に影響を与えるとは思えない。

さらにいえば、ヘッドスライディングによってけがをする危険性が非常に高いのである。体を放り出してスライディングするので、体のコントロールが効きにくく、指や腕、さらには頸椎《けいつい》などに悪影響を及ぼす確率も高くなる。

これに関しては、阪急ブレーブスの1番バッターを長く務め、通算盗塁数が1065の日本記録保持者でもある福本豊《ふくもとゆたか》もこう述べている。

「僕は盗塁をするとき、一度もヘッドスライディングをしたことがない」

福本は、盗塁やベースランニングのときだけでなく、牽制時の帰塁のときも「手から行かず、足から」ということを指導されていると聞く。けがのリスクを考えての指導だといえよう。

実際、前述の亀山も1993年、ヘッドスライディングキャッチを試みようとした際に右肩を脱臼しているし、埼玉西武の片岡易之《かたおかやすゆき》も2010年9月18日放送のスポー

ツ番組「Ｓ１」（ＴＢＳ系列）の中で、

「ヘッドスライディングをして、けがをした記憶もあるので、それからはあまりしていないですね。肩を脱臼したりとか、大きなけがが多くなってしまうので、僕はなるべく足でスライディングをした方がいいと思います」

と語っている。

3 2011年大卒ルーキー投手をセイバーメトリクスで比較する

2010年は、アマチュア野球界に多くの逸材が存在した年であり、特に大学生投手がプロ野球ドラフト会議で多数上位指名されるという、まさに「豊作」と呼ばれるにふさわしい年であった。

実に10名の大学生投手が3位以内での指名を受けたのだが、その中でも特に大きく報道されたのは、早稲田大学の主将でエースを務めていた斎藤佑樹《さいとうゆうき》であろう。

彼が注目されるようになったのは、早稲田実業学校高等部3年生のとき夏の甲子園大会に出場し、端整な顔立ちと投球の合間に青いハンカチで汗を拭《ぬぐ》う仕草から「ハンカチ王子」の愛称がつけられたこと、さらには決勝戦で駒澤大学附属苫小牧高校との2日間にわたる決勝戦（初日は延長15回引分で翌日に再試合）を1人で投げ切り、最後はライバルと称された田中将大（現・東北楽天）を三振にしてチームを優勝に導いたことがきっかけとされている。

その印象の良さもさることながら、記録においても優《すぐ》れていたことがわかる。夏の甲子園1大会における投球回数69イニング、投球数948球は歴代1位であり、奪三振78個は、徳島商業高校の板東英二《ばんどうえいじ》が1958年に記録した83個に次ぐ2位である。

その後、斎藤は早稲田大学に進学し、1年生の春から開幕投手を務め、その後4年間で、東京六大学史上6人目となる30勝300奪三振を達成する。

斎藤と同期入学で福岡大学附属大濠《おおほり》高校出身の大石達也《おおいしたつや》はクローザーとして、済美《さいび》高校時代に春の選抜高校野球大会で優勝経験もある福井優也《ふくいゆうや》は、2戦目の先発として活躍することの多かった投手であるが、この優秀な3人の投手を擁《よう》した早稲田大学が2010年度秋季リーグを制し、さらには明治神宮野球大会でも東海大学を破り優勝の栄冠に輝く。

この早稲田大学の3投手のみならず、優秀な投手は、全国各地の大学野球リーグに点在していることも窺える。

中央大学の澤村拓一《さわむらひろかず》（佐野日本大学高校）や東洋大学の乾真大《いぬいまさひろ》（東洋大学附属姫路《ひめじ》

高校）は、斎藤、大石両投手とともに、２００９年に東京ドームで行なわれたU－26NPB選抜チームと対戦する大学日本代表に選ばれ、プロ野球選手を相手に堂々のピッチングをしている。また北東北大学野球リーグには、八戸《はちのへ》大学の塩見貴洋《しおみたかひろ》（帝京第五高校）と富士大学の中村恭平《なかむらきょうへい》（立正大学淞南《しょうなん》高校）という左投手の双璧が所属していた。

群雄割拠の大学生投手たちは、２０１０年10月28日、自身の運命をドラフト会議に託すことになった。

結果、6球団からの指名を受けた大石は埼玉西武に、4球団からの指名を受けた斎藤は北海道日本ハムに入団することになった。その他の大学生投手も上位指名を受け、それぞれの球団に入団することになった。

しかし上位指名された選手だからといって、その後の活躍が保証されているわけではないことは、プロ野球ファンならずとも承知の事実である。

そこで、この10名の大学時代の成績をセイバーメトリクスで用いられる指標で評価し、今後、プロ野球における活躍ぶりを予測してみたいと思う。

といいたいところだが、今回得ることのできたデータが非常に少なく、さらには、アマチュア時代の成績とプロでの成績との相関が高いと思われるデータの分析や、選手の将来予測に関する研究は日本ではまだまだ未開拓のため、ここで大胆に「予測」といえるほどの分析は困難である。

そこで、これまでに紹介したセイバーメトリクスで用いられる投手評価の指標（ＤＩＰＳ、ＷＨＩＰ）によって、上位指名された大学出身投手10名と、プロ野球で成績を挙げている大学出身投手２名の大学時代の成績の比較を行なってみることで、彼らの将来を占ってみたい。

ここで挙げるプロ野球選手とは、早稲田大学時代に４７６奪三振という東京六大学野球リーグ史上最高の記録を挙げた福岡ソフトバンクの和田毅《わだつよし》と、創価大学という東京新大学リーグに所属していたチームで35勝をあげ、２００５年の全日本大学野球選手権大会では49奪三振の大会記録を打ち立てた北海道日本ハムの八木智哉《やぎともや》である。

２人はともにルーキーイヤーにパ・リーグの新人王に輝いている。

それぞれのＤＩＰＳ、ＷＨＩＰを示したのが、表33である。

２０１０年度大学出身投手のうち、セイバーメトリクス的観点から評価できる投手として、東北楽天の塩見、中日の大野雄大《おおのゆうだい》、埼玉西武の大石が挙げられる。

３人ともＤＩＰＳという奪三振、与四死球、被本塁打によって生成される指標が２以下であり、和田の大学時代よりも優秀である。

さらにはＷＨＩＰという１イニングあたりに出塁を許した平均人数を示す指標も１以下である。つまり１イニングあたりの出塁が１に満たないということで、出塁を許さない安定したピッチングがなされていたということを表わしている。

ただし、ここで注意していただきたいのは、塩見や大野が所属していたリーグの打者のレベルと東京六大学リーグや東都大学リーグに所属していた打者のレベルを同一視することはできないので、この指標を鵜呑《うの》みにすることはできない。

しかし、全日本大学野球選手権大会や明治神宮野球大会での実績は、その片鱗《へんりん》を見せていると考えてもよいのではないかと思う。なお大石の値についても、クローザーとして短いイニングを任されることが多かったため、先発での起用が多かった他の六大学、東都大学の投手との比較も一概にはできない。

表33　大学出身投手の活躍をDIPS、WHIPで占う

2010年ドラフト指名選手

選手名	指　名	大　学	リーグ	DIPS	WHIP
大石達也	西武1位	早稲田大	東京六大学	1.299	0.835
斎藤佑樹	日本ハム1位	早稲田大	東京六大学	2.431	1.011
澤村拓一	巨人1位	中央大	東都大学	2.648	0.915
大野雄大	中日1位	佛教大	京滋大学	1.630	0.551
塩見貴洋	楽天1位	八戸大	北東北大学	1.277	0.767
福井優也	広島1位	早稲田大	東京六大学	2.727	1.138
加賀美希昇	横浜２位	法政大	東京六大学	2.711	1.005
中村恭平	広島２位	富士大	北東北大学	2.366	0.942
南昌輝	ロッテ２位	立正大	東都大学	3.142	1.093
乾真大	日本ハム３位	東洋大	東都大学	2.917	1.188

プロ2選手との比較

選手名	指　名	大　学	リーグ	DIPS	WHIP
和田　毅	福岡ダイエー 自由獲得枠(02年)	早稲田大	東京六大学	1.809	0.812
	プロ成績				
	ルーキーイヤー	新人王	14勝5敗	3.829	1.200
	通算	184試合	91勝56敗	3.556	1.170
八木智哉	北海道日本ハム 希望入団枠(05年)	創価大	東京新大学	2.227	0.938
	プロ成績				
	ルーキーイヤー	新人王	12勝8敗	3.718	1.080
	通算	72試合	27勝22敗	4.574	1.260

巨人が単独で1位に指名した澤村については、WHIPが1以下となっているが、被本塁打が多いため（2008年秋以降11被本塁打）、DIPSの値が優れていないことが示されている。いわゆる「一発病」が懸念される。

注目の斎藤については、DIPS、WHIPともに六大学の中では優秀な部類にあると思われる。しかし和田と比較したときは、少し見劣りのする値である。ただし、大学時代の被本塁打は8と和田の15の半分以下である。さらに広い札幌ドームをホームグラウンドとし、守備能力の高い選手が揃《そろ》っている北海道日本ハムに所属していることは、斎藤にとってプラスに働くのではないだろうか。

この項を書いているときに感じたのは、日本には、大学のトップレベルが集《つど》って競い合うリーグが存在しないということである。

もちろん、大学生であるので試合のできる日は限られているし、移動の経費などを考えると、地域リーグで行なうことがよいのはわかる。

しかし、大学には、夏休みが2カ月存在しているのだから、その時期に全国の地域リーグで優勝したチームが1カ所に集結し、切磋琢磨しあうリーグ戦を開催することは考えられる。

それによって、選手のレベル向上の一助にもなると思われるし、多くの大学野球ファンが見応えのある試合を求めて集まり、観戦収益も期待できるのではないだろうか。もちろん、大学レベルでの統一的なデータ収集によるセイバーメトリクスへの寄与も期待できる。

ちなみに、メジャーリーグではPECOTAというBaseball Prospectus社が開発した予測システムによって選手の成長曲線などが示されているなど、その分野での研究は各段に進んでいるのである。

用いられるデータは選手の身体に関するものや、プロ在籍年数、三振率や四球率などの基礎的なデータなどである。PECOTAシステムの詳細については、その計算アルゴリズムなどの情報がクローズドのため、残念ながらここで紹介することはできない。日本においても、こうしたシステム構築に向けた研究が進むような下地作りが欠かせない。

第5章

あの名場面は統計学的に正しかったか？

1 パーフェクト試合目前で投手交替は是か非か？
——中日落合監督の山井交代劇

9回表に起こった悲鳴

２００７年11月1日、ナゴヤドームで行なわれた日本シリーズ第5戦は、投手の継投采配について、今後も論議されていく試合であろう。

「２００７年日本シリーズ第5戦は、１対０で中日が勝ち、対戦成績4勝1敗で北海道日本ハムを下し、53年ぶりの日本一に輝いた。勝利投手は山井《やまい》、岩瀬にセーブがついた」

当時、私はアメリカに留学をしていた最中であったため、日本のプロ野球を生で観戦することができず、インターネットの文字情報でさらっているという感じであった。そのため、日本から最初に得た情報が上記のようなものであったので、「ああ、今年は中日が日本一になったんだ」くらいの感想であった。

しかし、その後のニュースサイトや日本からのストリーミングラジオ番組から流れてくるのは、「中日日本一」を賞賛する記事よりも「なぜ山井を降板させた！」の論説であった。私は最初「いったい何があったんだ」と訳がわからずこの情報に接していたのだが、いろいろ検索してみたところ、以下のような事情であることが判明した。

中日の3勝1敗で迎えたシリーズ第5戦、勝てば53年ぶりの日本一、負けても3勝2敗でまだ有利ではあるが、6戦以降は敵地である札幌ドームでの開催となる。落合監督としても、これまでの日本シリーズで多くの辛酸をなめた経験もあり、ぜひともナゴヤドームで行なわれる第5戦での決着にこだわっていたのだろう。

そして、この試合の先発は中日が山井大介《だいすけ》、北海道日本ハムがダルビッシュ有であった。

山井は、その年のシーズン前半は勝ち星に恵まれず、シーズン初勝利が8月21日とかなり遅かったのだが、9月は4勝と活躍し、月間MVPにも輝いている。しかし、クライマックスシリーズでは右肩痛再発のため登板を回避、この日本シリーズ第5戦が約1カ月ぶりのマウンドとなった。

試合は投手戦となった。北海道日本ハム先発のダルビッシュは、2回裏に平田良《ひらたりよう》介《すけ》の犠牲フライで1点を献上したものの、7回を投げて5安打2四球11奪三振という、申し分のないピッチング内容であった。

だが、それ以上に山井はすばらしいピッチングを披露した。8回を投げて、6奪三振、12の内野ゴロ、6つのフライアウトという内容で、24人の打者に1塁を踏ませることはなかった。日本シリーズ初の完全試合を待ち望む観客のボルテージも上がり、9回表が始まるときには、山井コールが沸き起こった。

しかし、その直後に流れる場内アナウンスがコールをかき消し、悲鳴にも似た喚声が沸き起こる。

「ドラゴンズ、ピッチャー、山井に代わりまして岩瀬」

この交代に関して、さまざまな議論が起こったことを記憶されている方も多いことだろう。山井が6回途中で手にマメを作ってしまい、その影響もあって8回で交代したのではという憶測もあったが、その真偽については定かではない。

結果、岩瀬が最終回を3人で抑え、史上初、継投によって打者27人をパーフェクトに抑えるという記録を伴って試合に勝利し、中日は53年ぶりの日本一の栄冠を勝ち取った。

投手交代は統計学的に見て正しい選択だったか

さて、この継投ははたして正しい選択だったのだろうか？

もちろん、完全試合を目前にした投手を代えるべきか否かという感情論はあるだろうが、ここではとりあえずそれを抜きにして、この継投が統計学的に見て、妥当であったかどうかを検証してみたいと思う。

まず、山井の2007年の投球数別データを見てみる（表34上段）。

山井はその試合、8回を投げ終えた時点で86球を投じていた。そこで、山井の80球目以降のデータから、9回の山井から奪うことのできる得点期待値を求めてみる。

その結果、得点期待値は0・612であることがわかった。さらに詳しく見てみると、1点以上失点する確率は30・8％であり、2点以上失点する確率は16・0％であった。つまりこのまま継投させていれば、30%の確率で同点、あるいは逆転された状態で9回裏を迎えることになる。

それに対し、岩瀬の2007年の成績を見てみる（表34下段）。

この成績をもとに岩瀬から獲得できる得点の期待値を計算すると、0・308となり、山井を続投させるよりもリスクが半減することがわかる。さらに1点以上失点する確率は18・6%、2点以上失点する確率も7・6%であることより、9回裏まで持ち越されるリスクもかなり減少することがわかる。

このことより、第5戦に勝利し、53年ぶりの日本一をホームグラウンドであるナゴヤドームで達成するためには、この選択が最善だったのではと推測する。

さらにいえば、8回終了時までに中日のリードが1点だったことも、投手交代を選択するのに躊躇《ちゆうちよ》しなかった理由ではないかと推測する。もしもの話になってしまうが、3点差以上のリードをもって9回に臨めば、この継投策もなかったのではないだろうか。

それを裏付けるかのような試合が、2010年にあった。8月18日、中日対巨人の

表34　山井・岩瀬の投球数別データ（2007年）

山井大介

	打　数	被安打	二塁打	三塁打	被本塁打
20球以下	56	21	4	1	2
21～40球	62	9	2	0	0
41～60球	62	14	2	2	1
61～80球	57	9	3	0	1
81～100球	36	8	2	1	1
101～120球	24	8	2	0	0
121球以上	7	3	0	1	1

	与四球	与死球	奪三振	被打率
20球以下	7	1	10	0.375
21～40球	6	0	14	0.145
41～60球	4	0	9	0.226
61～80球	6	0	13	0.158
81～100球	5	0	6	0.222
101～120球	2	0	2	0.333
121球以上	0	0	1	0.429

80球以降の被打率が高くなっており、
点を取られる可能性が高まっている。

岩瀬仁紀

	打　数	被安打	二塁打	三塁打	被本塁打
20球以下	202	48	3	0	3

与四球	与死球	奪三振	被打率
9	0	47	0.270

17回戦で山井は、日本シリーズの再来とも思える快刀乱麻のピッチングをした。

8回終了時まで27人の打者に対して、投球数96、被安打0の無失点に抑えており、9回も無安打で抑えれば日本で74人目のノーヒットノーラン達成者となる。しかも、中日は8回までに3点をリードしている。舞台は整った。

9回表の巨人の攻撃、先頭打者は1番坂本である。1ストライク・1ボールからの3球目、坂本は山井の投じた129キロのスライダーを真芯で捉え、レフトスタンドに運び込む。結局、無安打はおろか、完封も逃す結果となり、その直後、

「ドラゴンズ、ピッチャー、山井に代わりまして岩瀬」

というアナウンスが場内に流れることになる。

試合は結局3対1で中日が勝利したのだが、試合後のヒーローインタビューで山井は「やっぱり、8回までしか投げれませんでした」とはにかみながら語った。しかし、その表情には悔しさがにじみ出ていたと感じる。

話は戻るが、この日本シリーズでの投手交代を否定する理由の1つとして、「完全試合」という大記録の価値ということが挙げられる。

仮定の話になるが、これがレギュラーシーズンであれば、落合監督といえども交代させることはなかっただろうし、代えるべきとはいえないだろう。短期決戦、取れるところで取っておかなければ何が起こるかわからないシリーズだからこその判断と思う。

では、ここで読者に質問なのだが、これまでに日本のプロ野球で完全試合を達成した投手を何人挙げることができるだろうか。

正解は表35のとおり、15人。記憶に新しいのは、1994年5月18日に福岡ドームの広島戦で達成した巨人の槙原寛己《まきはらひろみ》であろうか。さらには400勝投手、金田正一も達成している。

しかしながら、それ以外の投手の名前がすらっと出てくるのは、よほどのプロ野球ファン、もしくはクイズマニアくらいなのではと思ってしまう。

いずれにせよ、山井はまだこれからこのリストに名前を連ねるチャンスは大いにあるだろう。それよりも、このことで、多くのプロ野球ファンに山井大介という名前が浸透したのも事実である。

表35　日本プロ野球で完全試合を達成した投手

達成日	投　手	所属	スコア	対戦	球　場
1950年6月28日	藤本英雄	巨人	4－0	西日本	青森市営野球場
1955年6月19日	武智文雄	近鉄	1－0	大映	大阪球場
1956年9月19日	宮地惟友	国鉄	6－0	広島	石川県営兼六園野球場
1957年8月21日	金田正一	国鉄	1－0	中日	中日球場
1958年7月19日	西村貞朗	西鉄	1－0	東映	駒澤野球場
1960年8月11日	島田源太郎	大洋	1－0	阪神	川崎球場
1961年6月20日	森滝義巳	国鉄	1－0	中日	後楽園球場
1966年5月1日	佐々木吉郎	大洋	1－0	広島	広島市民球場
1966年5月12日	田中勉	西鉄	2－0	南海	大阪球場
1968年9月14日	外木場義郎	広島	2－0	大洋	広島市民球場
1970年10月6日	佐々木宏一郎	近鉄	3－0	南海	大阪球場
1971年8月21日	高橋善正	東映	4－0	西鉄	後楽園球場
1973年10月10日	八木沢荘六	ロッテ	1－0	太平洋	宮城球場
1978年8月31日	今井雄太郎	阪急	5－0	ロッテ	宮城球場
1994年5月18日	槙原寛己	巨人	6－0	広島	福岡ドーム

2

日本シリーズ３連敗の後の逆転劇をもたらしたもの——１９８９年巨人VS近鉄

３連敗の後、４連勝で決着がつく確率は？

言うまでもなく、プロ野球ではどのチームも日本一、すなわち日本シリーズでの勝利を目指す。日本シリーズは７戦を行なって、先に４勝した方の勝利である。

仮に、日本シリーズで対戦する両チームの実力が均等であったとしたときの、勝敗の組み合わせに対する理論確率を計算してみる（統計学的には、「負の二項分布」と呼ばれる確率分布を用いる）。つまり、何勝何敗で優勝が決まるかについて、それぞれの確率を求めるのである。

計算すると、４勝３敗で勝負が決する確率は31・25％であり、実は４勝２敗で決する確率と同じである。ちなみに、４勝１敗になる確率は25％で、４勝０敗となるのは12・５％である。

実際の過去60回のデータを見てみると（表36－1）、4勝3敗と4勝2敗の回数は等しく19回で、率でいえば31・67％と理論値とほぼ等しいという結果になっている。また4勝1敗は15回で全体の25％、4勝0敗は7回で11・67％であり、理論上の確率に適合していることがわかる。つまり、これは対戦する2チームの実力が本当に均衡していることの裏付けでもある。

２０１０年までに行なわれた日本シリーズの対戦成績を見てみると、4勝3敗で決着がついたのは19回である。

そのうち、3連敗のあと4連勝して日本一になった事例は、3例ある。１９５８年の西鉄ライオンズ、１９８６年の西武ライオンズ（この年は初戦引分で、2戦から4戦にかけて3連敗のあと5～8戦で4連勝）、そして１９８９年の読売ジャイアンツである。

ここで、3連敗のあと4連勝で決着がつく確率について計算してみよう。

4勝3敗になるときの星取りの組み合わせは20通りある。両者の実力が均衡しているという仮定のもとでは、すべて確率は等しい。つまり、3連敗のあと4連勝する確

表36　過去の日本シリーズの対戦成績

（表36－1）優勝決定時の勝敗別の回数

勝　敗	回数	備　考
4勝0敗	7	〈4勝0敗1分〉1回、〈4勝0敗2分〉1回を含む
4勝1敗	15	
4勝2敗	19	〈4勝2敗1分〉2回を含む
4勝3敗	19	〈4勝3敗1分〉1回を含む

（表36－2）4勝3敗で優勝が決まったときの星取りの分布

1戦	2戦	3戦	4戦	5戦	6戦	7戦	8戦	シーズン
●	●	●	○	○	○	○		2回(1958、1989)
△	●	●	●	○	○	○	○	1回（1986）
○	●	●	○	●	○	○		3回(1964、1983、2008)
○	●	○	●	●	○	○		2回(1991、2004)
○	○	●	●	○	●	○		1954
○	●	●	●	○	○	○		1955
●	○	○	●	○	●	○		1963
○	○	○	●	●	●	○		1976
●	○	●	○	○	●	○		1978
●	●	○	○	○	●	○		1979
●	●	○	○	●	○	○		1980
○	●	○	○	●	●	○		1984
●	○	○	○	●	●	○		1992
○	○	●	○	●	●	○		1993
○	○	●	●	●	○	○		2003

○＝勝　●＝敗　△＝引き分け

率も、勝ち負けが交互になり4勝3敗になる確率も、実は同じなのである。

確率論的にいえばそうなのだが、実際にこれまで4勝3敗になったときの星取りの度数分布を見てみると（表36－2）、3連敗の後に4連勝という事例は、前にも述べたように3例あり、これは、1、4、6、7戦で勝利し、4勝3敗となったという事例とともに、一番多いのである。

どのプレーが「流れを変えた」のか

さて、件《くだん》の1989年の日本シリーズについて検証してみよう。

前年の1988年に、伝説の川崎球場ダブルヘッダー第2戦の引分でリーグ優勝を逃し、この年も西武と死闘を繰り広げ、9年ぶりにリーグ優勝を勝ち取った近鉄バファローズが、盤石《ばんじやく》の先発投手陣を誇る読売ジャイアンツと日本シリーズを戦うことになった。

近鉄はその当時、球団創設以来、まだ日本一になっていない唯一のチームであった。悲願の日本一を勝ち取るべく、「いてまえ打線」と名付けられた攻撃陣が、巨人の先発陣、斎藤雅樹《さいとうまさき》、桑田真澄《くわたますみ》、宮本和知《みやもとかずとも》を打ち崩し、いきなりの3連勝を飾る。

こう書くと近鉄が打撃の勢いで優勝したように思えるが、実は１９８９年の近鉄投手陣もかなり強力な布陣であった。その年の最多勝（19勝）の阿波野秀幸《あわのひでゆき》を筆頭に小野和義《おのかずよし》、山崎慎太郎《やまさきしんたろう》、加藤哲郎《かとうてつろう》の先発陣、そして抑えは20セーブの吉井理人《よしいまさと》が務めていた。

なお3連勝したチームが、その後優勝できる確率は93・75％である。逆を言えば、3連敗したチームがその後4連勝する確率は、6・25％であるので、この時点で近鉄は圧倒的に優位な立場にあったのには違いない。

第3戦の先発投手であった近鉄の加藤が、試合後のインタビューで「巨人はロッテ（その年は首位近鉄と21ゲーム差の最下位）よりも弱い」という暴言を吐いたというエピソードを記憶している方もいるかもしれないが、そんな言葉が飛び出してもおかしくない状況だったのである。

ただ、この発言に関して加藤が実際にそのような発言をしたという事実はないようである。第3戦、東京ドームでのヒーローインタビューで「シーズンの方がよっぽどしんどかった」という発言はあったが、件の発言はなかったと記憶する。しかし、インタビューでの不遜な態度や、その後の新聞記者とのやりとりなどから上記の発言があったということになっているようだ。

こうした発言に対する巨人選手の怒りがシリーズの流れを変えたということが、まことしやかにいわれているが、いずれにせよ、何らかの流れが変わらなければ、巨人が優勝する確率は非常に低かったといえる。

「流れが変わる」というのは、野球に限らずスポーツでよく使われる言葉だが、一方で曖昧なものである。ここでは、データから「流れを変えた」、すなわち巨人の勝利確率を大きく上昇させたプレーについて、検証してみる。

まず第1の要因として、第4戦、第7戦に登板し、どちらも勝利投手となった香田《こうだ》勲男《いさお》の好投が挙げられる。

その年の香田の成績は、19試合（うち先発12試合）に登板し、7勝3敗、防御率2・35で、特筆すべきは「WHIP」という指標が0・94であることだ。WHIPとは、1イニングにおいて出塁を許した数の平均値であるのだが、香田はイニングで平均1

人にも満たないくらいの出塁しか許していなかったのである。

その香田は3連敗のあとの第4戦の先発投手として登板し、3安打完封、8奪三振、3塁を踏ませないピッチングを披露し、巨人ファンの溜飲《りゅういん》を下げた。

第7戦も6回途中まで4安打3失点という、クオリティスタート（先発投手が6イニング以上を投げ、3自責点以内に抑えること）まであと一歩という内容ではあったが、味方の援護にも支えられ、先発の責任を果たす形になった。

この香田のピッチングがシリーズの流れを変え、1958年に西鉄相手に3連勝のあと4連敗を喫した苦い経験を払拭するかのごとき、4連勝での日本一達成に大きく貢献したといえる。正直なところ、私は香田がこのシリーズのMVPに値するのではと思っている（実際は優秀選手賞を受賞）。

そして、もう1つの要因となったであろう出来事が第5戦に起こった。巨人の主砲、原辰徳《はらたつのり》の満塁ホームランである。その前の打席まで18打席無安打の大不振に陥り、第3戦、第4戦は7番に降格していた。

第5戦の近鉄の先発が左投手の阿波野ということもあってか、その日は4番クロマティのあとの5番に入っていた（ちなみにサードのイメージの強い原だが、このときの守備位置はなんとレフトだった。このことを記憶されている読者はどのくらいいるだろうか）。

その場面は7回裏に訪れた。2対1で巨人がリードの状態で、この回から近鉄は2番手として吉井を登板させる。

先頭打者の9番ピッチャー斎藤がヒットで出塁し、1番代打の緒方耕一《おがたこういち》が送りバントを成功させ1アウトランナー2塁とする。2番の勝呂壽統《すぐろひろのり》が四球で1アウト1・2塁。3番の岡崎郁《おかざきかおる》がセカンドゴロを打つ間に斎藤が3塁に進み、勝呂が2塁フォースアウトで2アウト1・3塁の状況になり、迎えるバッターはこれまで18打数7安打、シリーズ打率3割8分9厘の4番クロマティ。

近鉄ベンチは5回裏2アウト2塁の場面でもクロマティを敬遠し、次の原をショートゴロに打ち取っているが、ここでもやはり敬遠策をとり、2アウト満塁の状況で原をバッターボックスに迎える。

ここで、近鉄がとった敬遠策を、勝利確率の上昇値の比較によって検証してみる。

1点ビハインドで迎える、5回裏2アウト2塁の状態からの敬遠策によって1・2塁にした場合、攻撃側の勝利確率の上昇値はたったの0・7％でしかない。つまり、ここで打者を回避してランナーを増やしたとしても、それほどリスクは大きくないことがわかる。

しかし、1点ビハインドの7回裏2アウト1・3塁からの敬遠策で満塁にした場合は、攻撃側の勝利確率を2％近く上昇させることになるのである。

このことが如実に出た結果かは定かではないが、原は2ストライク・2ボールからの6球目、吉井の低めのストレートをレフトスタンドに叩き込む満塁ホームランを放ち、勝利確率を16・6％上昇させ、98・9％とし、この試合の勝利に大きく貢献したのである。

これで勢いに乗った巨人は、第6戦、先発の桑田が6回1／3を1失点のクオリティスタートを果たしたあと、宮本、水野《みずの》雄仁《かつひと》のリレーで後続を抑え勝利し、3勝3敗のイーブンに持ち込み、逆王手をかける。

第7戦では、2回に駒田《こまだ》徳広《のりひろ》の先制ソロ、6回に原の2ラン、そしてこの日が引退で現役最後の試合となった中畑清《なかはたきよし》の代打ソロ、さらには7回にクロマティの駄目押しソロと、近鉄「いてまえ打線」のお株を奪う4本塁打を含む10安打8得点で勝利し、8年ぶり17回目の日本一に輝いた。

近鉄は、3戦終了時には94%近い確率で手にできるはずだった球団初の日本一の栄冠を、またも逃すこととなった。

第7戦まで行なわれたシリーズでの最高打率（5割2分2厘）を記録し、シリーズMVPを獲得した駒田も、第7戦で加藤からホームランを打った際に、大きな口をあけて何かを叫んだというエピソードを含めて、このシリーズを象徴する選手となったのだった。

3 千葉ロッテマリーンズが果たした「史上最大の下克上《げこくじょう》」とは？

セ・リーグよりパ・リーグの方が強い？

「延長12回、4時間56分の死闘決着！　8対7、千葉ロッテマリーンズ、2005年以来5年ぶりの日本一！　今、史上最大の下克上がここに完成です！」

２０１０年の日本シリーズは、セ・リーグ優勝の中日と、パ・リーグ３位ながらクライマックスシリーズで埼玉西武と福岡ソフトバンクを破って進出してきた千葉ロッテの対戦となった。

結果は、４勝２敗１分けで千葉ロッテが中日を下し、史上初（といってもクライマックスシリーズの歴史は浅いのではあるが）、リーグ３位から「日本一」の栄冠へと勝ち上がったチームとなった。

千葉ロッテのクライマックスシリーズでの戦いぶりは、とても劇的なものであった。まずパ・リーグクライマックスシリーズ、ファーストステージでは、2戦とも9回表開始時は埼玉西武にリードされた状況で迎えていた。特に初戦は、埼玉西武が8回裏に4点の差を付ける攻撃を行ない、1対5の状況で迎えている。

ちなみにこの状況での千葉ロッテの勝利確率は1％であった。千葉ロッテは2戦とも9回表に同点に追いつき、延長戦を制してファイナルステージ進出を決める。

ファイナルステージでは、ファーストステージの勢いそのままに初戦をとるが、その後、福岡ソフトバンクが2連勝し王手をかける。

しかし、千葉ロッテはここから起死回生の3連勝を達成する。特に第5戦は、地元でSMB48（S＝攝津、B＝ブライアン・ファルケンボーグ、M＝馬原、48＝甲藤啓介《かつとうけいすけ》の背番号）と称される盤石《ばんじやく》の福岡ソフトバンクの中継ぎ陣を打ち崩して勝利を収めた試合だったのだが、千葉ロッテの勢いを感じざるを得なかった。

では、千葉ロッテが日本シリーズに進出できる確率は、いかほどであったのだろう

表37　各チームの「強さ」の推定値（2010年）

対戦相手	D	T	G	S	C	BS	H	L	M	F	Bu	E	勝	敗	強さの推定値
中日(D)		13	15	8	16	16	2	1	2	1	3	2	79	62	53.13
阪神(T)	9		12	15	15	16	2	1	3	2	1	2	78	63	51.69
巨人(G)	9	12		12	18	16	1	3	2	2	2	2	79	64	51.82
ヤクルト(S)	15	9	11		14	14	1	1	1	3	1	2	72	68	45.36
広島(C)	8	9	6	10		15	2	3	2	2	1	0	58	84	31.07
横浜(BS)	8	8	8	9	9		2	1	0	1	0	2	48	95	23.83
ソフトバンク(H)	2	1	3	3	2	2		10	15	10	12	16	76	63	63.82
西武(L)	3	3	1	3	1	3	14		11	10	14	15	78	65	63.52
ロッテ(M)	2	1	2	3	1	4	9	13		13	16	11	75	67	59.90
日本ハム(F)	3	2	2	1	1	3	14	14	10		12	12	74	67	59.22
オリックス(Bu)	1	3	2	3	3	4	9	10	8	11		15	69	71	52.70
楽天(E)	2	2	2	1	4	2	7	8	13	12	9		62	79	43.95

（表の見方：横の方向に各チームの対戦チームとの勝利数が記されている）

か。これをデータから算出してみようと思う。まずは２０１０年度の各リーグの対戦成績、そして交流戦の対戦成績をもとに、各チームの「強さ」の推定値を導いてみる。

ここで用いる統計手法は「ブラッドリー・テリーモデル」というもので、もともとは個人の好き嫌いなどを相対比較から分析するための手法であるが、これを応用してリーグ戦に参加するチームの「強さ」を計算してみる。表37は、２０１０年度のプロ野球の各チーム間の対戦成績とそこから導かれる「強さ」の推定値である。

千葉ロッテの進出確率を求める前に、この分析から発見された意外な事実について見てみよう。

なんとパ・リーグの4位までがセ・リーグ優勝の中日より「強さ」の推定値が大きいのだ。また、パ・リーグ5位で総合69勝71敗と負け越しているはずのオリックスの「強さ」の推定値が、中日を除くセ・リーグ5球団より大きい値となっている。

この原因として考えられるのは、交流戦の成績が全体的にパ・リーグの方が優れていたことが挙げられるだろう。また、交流戦の優勝チームがオリックスであるという事実も忘れてはならない。かろうじて中日とオリックスの対戦成績が中日の3勝1敗だったことで、中日の強さ判定がオリックスを上回ったのであろう。

ただ、同一リーグ内の対戦数が24であるのに対し、交流戦は4と少ない値であることが影響しているかもしれない。

3位千葉ロッテが日本シリーズに出場できる確率は？

では話題を戻し、千葉ロッテのクライマックスシリーズを勝ち上がる確率を計算していこう。

さきほどのブラッドリー・テリーモデルで出た強さの推定値より、チームAがチームBと対戦して勝利する確率は、「Aの強さ／｛(Aの強さ)＋(Bの強さ)｝」で計算できる。

千葉ロッテが埼玉西武と対戦して勝利する確率は、(59.90)／(59.90＋63.52)＝0.49である。これより千葉ロッテが埼玉西武をファーストステージで破る確率は、48・5％である（統計学的な計算は185ページを参照）。

次に千葉ロッテが福岡ソフトバンクと対戦して勝利する確率が（59.90）/（59.90＋63.82）＝0.48であるので、千葉ロッテがファイナルステージで福岡ソフトバンクが3勝するより先に4勝できる確率は30・7％である。

よって2つの確率を掛け合わせることによって、千葉ロッテが日本シリーズに進出できる確率が算出でき、その値は14・9％である。

福岡ソフトバンクが日本シリーズに進出できる確率が69・3％であったので、この数字は「下克上」の厳しさを示すものであるだろう。

さらに千葉ロッテが日本シリーズで中日に対して先に4勝できる確率は、負の二項分布という確率分布を使って計算すると、56・5％となった。

以上のことより、千葉ロッテがこの「下克上」を完成させることのできる確率は、たったの7％くらいであったのだ。

では、この下克上を完成させた原動力とは何だったのだろうか。

ここでは、「WPA」という指標を用いて、選手の活躍度合いを調べてみよう。WPAとは“Win Probability Added”の略で、選手が行なったプレーによってもたらさ

千葉ロッテがクライマックスシリーズで勝つ確率

千葉ロッテが埼玉西武に勝つ確率を p_1、埼玉西武が千葉ロッテに確率を q_1 とする。

①千葉ロッテが２連勝する確率

○○　　$p_1{}^2$

②千葉ロッテが２勝１敗になる確率

×○○　○×○　　$2p_1{}^2q_1$

p_1=0.49　を代入して、①と②を合計すると **0.485　③**

千葉ロッテが福岡ソフトバンクに勝つ確率を p_2、福岡ソフトバンクが千葉ロッテに確率を q_2 とする。

④千葉ロッテが４連勝する確率

○○○○　$p_2{}^4$

⑤千葉ロッテが４勝１敗になる確率

×○○○○　○×○○○
○○×○○　○○○×○　$4p_2{}^4q_2$

⑥千葉ロッテが４勝２敗になる確率

××○○○○　×○×○○○　×○○×○○
×○○○×○　○××○○○　○×○×○○
○×○○×○　○○××○○　○○×○×○
○○○××○　　　　　$10p_2{}^4q_2{}^2$

p_2=0.48 を代入して、④、⑤、⑥を合計すると **0.307　⑦**
③と⑦を掛け合わせて　**0.149（14.9%）** となる。

千葉ロッテが日本シリーズで勝つ確率

千葉ロッテが中日に勝つ確率を p 、中日が千葉ロッテに確率を q とすると、千葉ロッテが中日に４勝３敗になる確率は、

×××○○○○　××○×○○○　××○○×○○　××○○○×○
×○××○○○　×○×○×○○　×○×○○×○　×○○××○○
×○○×○×○　×○○○××○　○×××○○○　○××○×○○
○××○○×○　○×○××○○　○×○×○×○　○×○○××○
○○×××○○　○○××○×○　○○×○××○　○○○×××○　$20p^4q^3$

となるので，優勝確率は

$$p^4+4p^4q+10p^4q^2+20p^4q^3=p^4(1+4q+10q^2+20^3)$$

で, p=(59.90)/(59.90+53.13)=0.53 を代入すると **0.565(56.5%)** となる。

れた勝利確率の増加分、もしくは減少分を累積したもので、選手の活躍度を数値化したものといえる。

クライマックスシリーズから日本シリーズにかけての千葉ロッテの打者のＷＰＡを示したのが表38である。

シーズン中、２０６安打、出塁率４割２分３厘と大活躍した西岡剛は、この表に名を連ねていないが、ＷＢＣでも活躍し、短期決戦の強さに定評のある里崎智也《さとざきともや》、２００５年の日本シリーズでもＭＶＰを獲得し、今回もまたＭＶＰとなった「シリーズ男」今江敏晃《いまえとしあき》、シーズン中は主に６番だったが、シリーズでは４番を任されたサブローなどの生え抜き選手の活躍が見てとれる。

それに加えて、メジャーから日本球界に復帰し、不動の３番打者として、攻守に存在感を見せた井口資仁《いぐちただひと》や、育成枠から昇格し、第７戦では決勝のタイムリー３塁打を浅尾から放った岡田幸文《おかだよしふみ》といった選手も活躍を示している。

特筆すべきは、シーズン後半から出場し、レギュラーを勝ち取ったルーキー、清田育宏《きよたいくひろ》のＷＰＡが高いことである。日本シリーズではＭＶＰの今江の０・３９７を上回

表38-1　クライマックスシリーズ・ファーストステージでWPAがプラスだった千葉ロッテの打者

選手名	WPA
里崎智也	0.867
井口資仁	0.165
福浦和也	0.116
大松尚逸	0.046
西岡剛	0.011
岡田幸文	0.009

表38-2　クライマックスシリーズ・ファイナルステージでWPAがプラスだった千葉ロッテの打者

選手名	WPA
サブロー	0.133
里崎智也	0.069
福浦和也	0.061
清田育宏	0.023

表38-3　日本シリーズでWPAがプラスだった千葉ロッテの打者

選手名	WPA
清田育宏	0.472
今江敏晃	0.397
サブロー	0.225
井口資仁	0.217
大松尚逸	0.114
金泰均	0.104
岡田幸文	0.024

※WPAは、その選手のプレーによってもたらされた勝利確率の増加分、もしくは減少分を累積したもので、選手の活躍度を数値化している。データは2010年のもの。

る0・472を記録し、日本シリーズ優勝の原動力になったといっても過言ではないだろう。

千葉ロッテが優勝を決めたとき、レフトスタンドに陣取った千葉ロッテサポーターが掲げた横断幕には「和の力で優勝」という文字が記されていた。この言葉が、今回の千葉ロッテ「下克上」物語のキーワードであったことは、こうしたデータからも読み取れるのではないだろうか。

4 「江夏の21球」をデータで読み解く

「江夏《えなつ》の21球」とは、１９７９年11月4日、大阪球場で行なわれた日本シリーズ、近鉄バファローズ対広島東洋カープの第7戦、９回裏の攻防を題材とした、山際淳司《やまぎわじゅんじ》氏のノンフィクション作品のタイトルである。

その年のプロ野球は、セ・リーグでは広島が、１９７８年から加入した江夏豊《ゆたか》の活躍（9勝22セーブ）により、4年ぶり2度目のペナントレース制覇を成し遂げた。

一方のパ・リーグでは近鉄が、１９７４年から指揮をとる西本幸雄《にしもとゆきお》監督のチーム作りが実を結び、前期優勝を果たした後、プレーオフで後期優勝の阪急を破り、球団創設29年目での初優勝を勝ち取った。

どちらも初の日本一獲得に向けたシリーズである。第6戦までは両チームとも本拠地球場で勝利し、３勝３敗で第7戦を迎えることになる。ちなみに当時の近鉄の本来の本拠地は日生球場、藤井寺球場であるが、日本シリーズを開催する要件を満たしていなかったため、大阪球場での開催となった。

第7戦も、9回表が終了した時点で4対3と広島のリードは1点のみであった。また前述のとおり、6戦まではホームチームが勝利していたため、このリードを広島が無事に守りきれず、近鉄が逆転サヨナラで日本一になるのではという雰囲気も漂っていた。

それを阻止すべく、9回裏のマウンドには江夏豊が上がっていた、と書くと江夏は満を持して9回1イニングのピッチングを行なったように思えるかもしれないが、実は、江夏は7回裏2アウトランナー1塁という時点で登板している。そのため、この試合で江夏が投じた球は実は21球ではなく、全部で41球であった。

当時はクローザーというよりも、「火消し役」という感じで、ピンチになったら即登板という起用法が目立ったのである。そのため、その年の江夏の登板数は55試合だが、イニング数は104回2／3であり、1試合あたり平均2イニング近く投げているのである。

9回裏の詳細については、ご存じの方も多いと思うが、ここでは「1球ごとの勝利確率の推移」という切り口で、このイニングに投じられた21球を分析してみようと思う（表39）。

9回表が終了した時点で、先攻チームが1点リードしているときの勝利確率は81・15%である。先頭打者の羽田耕一《はだこういち》に対して、カウントを取りにいった球を羽田にセンター前に弾き返され、ノーアウト1塁の状況となる。この時点での勝利確率は67・72%である。

ここで西本監督は、シーズン代走盗塁記録25を持つ藤瀬史朗《ふじせしろう》を代走に送り、江夏に揺さぶりをかける。7番アーノルドに対する4球目に、藤瀬が盗塁を仕掛け、これがキャッチャー水沼四郎《みずぬましろう》の悪送球を誘い、一気に3塁に到達する。これにより広島の勝利確率が52・12%まで下降し、緊迫の状態へと変化するのである。

その後アーノルドが四球で出塁すると、西本監督はアーノルドにも代走吹石徳一《ふきいしとくいち》を送った。この状況での広島の勝利確率は47・97%となり、とうとう広島よりも近鉄の方が日本一になれる確率が高い状況を作ってしまったのである。

近鉄は、8番平野光泰《ひらのみつやす》への3球目のときに、また足を絡めた攻撃を仕掛ける。1塁ランナーの吹石がスタートを切る。しかし、水沼は3塁走者の本塁突入を警戒したため2塁に送球せず、ランナー2・3塁の状況を許した。

ここでの勝利確率の変動はマイナス6・24%であるが、なんらかのトラブルで3塁ランナーの帰還を許してしまえば、マイナス18・80%となったので、これは賢明な判断といえよう。ここで広島は敬遠策をとり、とうとうノーアウト満塁、勝利確率も35・96%という状況に追い込まれてしまう。

ここで迎えるバッターは9番ピッチャーの山口哲治《やまぐちてつじ》に代わる代打、佐々木恭介《ささききょうすけ》である。レギュラーシーズンでは、1番打者として3割2分の高打率を残している佐々木ではあったが、この当時、日本シリーズではDH制が導入されていなかったため、控えに回っていた。

「左殺し」の異名をとる佐々木は、左投手である江夏に対してまさにうってつけの代打であったといえよう。

しかし、ここで江夏はこの佐々木を三振に退《しりぞ》けて、1アウト満塁の状況にする。

表39　「江夏の21球」と勝利確率の変化

1979年の江夏豊投手の記録

登板回数	55
投球回	104 2/3
勝　利	9
敗　戦	5
セーブ	22
奪三振	117

与四球	36
与死球	2
被本塁打	10
DIPS	3.13
WHIP	1.10

「江夏の21球」――1球ごとの勝利確率の増減

投球	打　者	アウト	ランナー	ボール カウント	広島の 勝利確率	結　果	確率の 増減
1	6番 羽田	0	なし	0－0	81.15%	ヒット	−13.43%
2	7番 アーノルド	0	1塁	0－0	67.72%	ボール	−1.51%
3		0		0－1	66.21%	ボール	−2.60%
4		0		0－2	63.61%	ストライク	2.26%
5		0		1－2	65.87%	ボール（1塁走者盗塁）	−13.75%
6		0	3塁	1－3	52.12%	ボール	−4.15%
7	8番 平野	0	1·3塁	0－0	47.97%	ボール	−1.12%
8		0	1·3塁	0－1	46.85%	ストライク	2.42%
9		0	1·3塁	1－1	49.27%	ボール（1塁走者盗塁）	−6.24%
10		0	2·3塁	1－2	43.03%	ボール（敬遠）	−2.53%
11		0	2·3塁	1－3	40.50%	ボール（敬遠）	−4.54%
12	9番 佐々木（代打）	0	満塁	0－0	35.96%	ボール	−1.62%
13		0	満塁	0－1	34.34%	ストライク	2.52%
14		0	満塁	1－1	36.86%	ファール	3.18%
15		0	満塁	2－1	40.04%	ファール	0.00%
16		0	満塁	2－1	40.04%	ボール	−2.19%
17		0	満塁	2－2	37.85%	ストライク	12.68%
18	1番 石渡	1	満塁	0－0	50.53%	ストライク	2.89%
19		1	満塁	1－0	53.42%	ストライク（スクイズ失敗 3塁ランナーアウト）	29.84%
20		2	2·3塁	2－0	83.26%	ファール	0.00%
21		2	2·3塁	2－0	83.26%	ストライク	16.74%

これで勝利確率は50・53%。どちらに転んでもおかしくない状況であることには変わりなかった。そこで迎えるバッターは1番石渡茂《いしわたしげる》である。

1球目はカーブが内角に決まる。そして、つづく2球目にこのシリーズのクライマックスが訪れる。

石渡がスクイズの構えを見せる。そこで江夏が投じたカーブは大きく外角高めに逸れるもので、石渡はその球をバットに当てることができなかった。キャッチャー水沼は、3塁から走り込んで来た藤瀬にボールをタッチし、2アウト2・3塁の状況とした。

後世に語り継がれるこのビッグプレーにより、広島の勝利確率は30%近く増加し、83・26%となった。そして1球ファールのあと、その回に投じた21球目、江夏の投げたカーブを石渡が空振りし、三振。広島が初の日本一の栄冠を手にしたのであった。

データから見ると、江夏のプレーによって、9回裏開始時に80%以上あった広島の勝利確率を、一時期は35%にまで落としてしまっていたのだ。つまり見事な「火消し」を行なったというイメージが強いこの場面の「火」は、実は自らがつけてしまったという感は否めない。

一方で、そのことによって「19球目のスクイズ外し」という伝説が生まれたことも事実である。

このスクイズ外しについては「実はカーブのすっぽぬけでたまたま外れた球」とか「江夏はスクイズの構えを見て、とっさに外すことのできる技術を持っていた」など諸説あるのだが、それについてはデータでどうこう言うことはない。

しかし、この場面を無事切り抜けることができた大きな要因として、江夏が「三振でアウトのとれる投手」であったということが挙げられるだろう。

1979年シーズンの江夏の奪三振率は10・06で、シーズン奪三振401という記録を打ち立てた1968年のときに匹敵する（10・97）ものであったし、「DIPS」という投手自身の責任と考えられる指標（奪三振、与四死球、被本塁打）のみで計算される指標は3・13とその年の投手の中で最高の記録を残している。また「WHIP」という1イニングあたりに許したランナーの数を表わす指標は1・10でこれも優秀な記録である。

問題の9回はちょっと一人相撲なところもあったが、全体として見れば、江夏は7回2アウトから8回終了まではパーフェクトに抑えている。

7回2アウトランナー1塁の状況での広島の勝利確率は71・61%であったので、彼はこの試合で勝利確率を28・39%上昇させるという貢献をしたといえる。これらのデータからも、やはり彼が「日本一請負人」であったことは間違いないであろう。

あとがき

現在、私はセイバーメトリクスを中心としたスポーツ統計学の研究を行なっている。本書で見てきたような野球に関する指標だけでなく、サッカーのデータ解析についても研究を進めている。

野球というスポーツの性質は「デジタル的」なため、データ収集が比較的容易であるのに対して、「アナログ的」なサッカーの数値データの収集はなかなか困難であったが、統計学的見地からサッカーを分析できる環境も徐々に整いつつある。現在、試合時間とボール位置と得点確率の関係などについて研究を進めている。

このように、他のスポーツにおいても統計学的解析が進みつつある。スポーツに内在する数字を統計学的に解析することで、そのスポーツを科学的に捉えることが可能になりつつあるのである。

例えば、バレーボール日本代表チームにはアナリストが帯同しており、試合中に収集したデータを分析し、その結果をベンチに伝えている。それによってスパイクのコースやブロックの位置の修正などの戦術指示に役立てているという。

2010年バレーボール女子世界選手権で日本は32年ぶりにメダルを獲得したが、眞鍋政義《まなべまさよし》監督がコートサイドでiPadを手にしている姿を記憶されている方も多いことだろう。

私自身も、将来的にはバスケットボールやフットサルのデータ解析をしたいと考えている。

セイバーメトリクスのようなスポーツ統計学の理論は今後、日本のスポーツ界でも取り入れられることになるだろう。

実際、千葉ロッテのバレンタイン元監督はポール・プポというアナリストをチームに招聘《しょうへい》していたし、北海道日本ハムはBOSと呼ばれるスカウティング情報システムを構築して選手の獲得や育成に活用しているという。さらには、東北楽天もアスレチックスと提携を結び、データ分析に関する情報交換を進めているという。

しかしながら、その活用法は外国人選手や他球団の控え選手を低予算で獲得するための手段としてが主である。ここからさらに踏み込んで、選手の評価や年俸の算出システムとして活用されるようになれば、アメリカのメジャースポーツ並みのスポーツビジネスが日本にも確立されることであろう。

本書においてもデータの提供にご尽力いただいた元データスタジアム社の星川太輔氏、そして、その後の私の研究活動に大きな影響を与えていただくことになる日本を代表するセイバーメトリシャンの岡田友輔氏の両名とは、私が米国留学中に出席したアメリカ野球学会において行動を共にし、学会のメンバーとの交流を積極的に計り、そして日本におけるセイバーメトリクスの発展の礎《いしずえ》を築こうと誓い合った。

その誓いを実現すべく、日本に帰国してからは、セイバーメトリクスを中心にスポーツ統計学の研究にいそしめる環境を整えようと奮闘中である。

折しも私が所属する日本統計学会では、２００９年に統計数理研究所の田村義保氏や中央大学の酒折文武氏らが中心となって「スポーツ統計分科会」が発足している。

また、徐々にではあるが、日本のプロ野球ファンにもセイバーメトリクスが浸透しつつあるのを感じている。本書がこうした動きの一助になることを願っている。

本書を執筆することができたのは、これまでに出会った多くの方のおかげである。記して感謝申し上げたい。

まず、大学、大学院とご指導いただいた筑波大学副学長の赤平昌文先生がいらしたからこそ、私は研究者としての職を得て、本書執筆の礎を築くことができた。

また、日本経済新聞社の柏崎海一郎氏が、2010年2月11日付の記事としてセイバーメトリクスに取り組む私のことを紹介したことが、世間の関心を喚起し、本書誕生のきっかけとなった。

さらには、データスタジアム株式会社の岡田友輔氏と統計数理研究所の藤澤洋徳氏には懇切丁寧に原稿を査読していただき、多くの有益なコメントをいただいた。

私のゼミナールでは、さまざまなスポーツのデータ解析に取り組む学生たちを指導しているが、そのことによって逆に私自身が学ぶことも多い。特に、来年度から大学院に進学する薄井一樹君、時光順平君にはデータ収集などで協力を得た。

最後に、両親、妻、そして昨年誕生した愛娘、美優へ本書を捧げる。

〈主な参考文献・ウェブサイト〉

『メジャーリーグの数理科学』(上・下巻) J. アルバート/J. ベネット著、後藤寿彦監修、加藤貴昭訳(2004年、シュプリンガー・ジャパン)

「SMR　ベースボールLab」 http://www.baseball-lab.jp/
「プロ野球データFreak」 http://baseball-data.com/
「プロ野球記録博物館」http://www.lint.ne.jp/~lucky/brm/
「ドラフト・レポート」 http://draftrepo.blog47.fc2.com/
「日本野球機構オフィシャルサイト」 http://www.npb.or.jp/
「The Official Site of Major League Baseball 」(メジャーリーグ機構の公式サイト)
http://mlb.mlb.com/index.jsp
ESPN MLB (アメリカのスポーツ専門チャンネルのサイトのMLBのページ)
http://espn.go.com/mlb/

切りとり線

★読者のみなさまにお願い

この本をお読みになって、どんな感想をお持ちでしょうか。祥伝社のホームページから書評をお送りいただけたら、ありがたく存じます。今後の企画の参考にさせていただきます。また、次ページの原稿用紙を切り取り、左記まで郵送していただいても結構です。

お寄せいただいた書評は、ご了解のうえ新聞・雑誌などを通じて紹介させていただくこともあります。採用の場合は、特製図書カードを差しあげます。

なお、ご記入いただいたお名前、ご住所、ご連絡先等は、書評紹介の事前了解、謝礼のお届け以外の目的で利用することはありません。また、それらの情報を6カ月を超えて保管することもありません。

〒101―8701（お手紙は郵便番号だけで届きます）
祥伝社新書編集部
電話03（3265）2310
祥伝社ホームページ　http://www.shodensha.co.jp/bookreview/

★本書の購買動機（新聞名か雑誌名、あるいは○をつけてください）

＿＿＿新聞の広告を見て	＿＿＿誌の広告を見て	＿＿＿新聞の書評を見て	＿＿＿誌の書評を見て	書店で見かけて	知人のすすめで

★100字書評……9回裏無死1塁でバントはするな

名前

住所

年齢

職業

鳥越規央　とりごえ・のりお
1969年大分県生まれ。東海大学理学部情報数理学科准教授。92年、筑波大学（第一学群自然学類数学主専攻）卒業。97年、筑波大学大学院数学研究科修了。博士（理学）。
専門分野は数理統計学および野球のデータ解析手法であるセイバーメトリクス。また、野球だけでなくサッカーなどを含めたスポーツ統計学全般の研究も行なっている。

9回裏無死1塁《かいうらむしるい》でバントはするな

野球解説《やきゅうかいせつ》は〝ウソ〟だらけ

鳥越規央《とりごえのりお》

2011年３月10日　初版第１刷発行

発行者………………竹内和芳
発行所………………祥伝社《しょうでんしゃ》
〒101-8701　東京都千代田区神田神保町3-6-5
電話　03(3265)2081(販売部)
電話　03(3265)2310(編集部)
電話　03(3265)3622(業務部)
ホームページ　http://www.shodensha.co.jp/

装丁者………………盛川和洋
印刷所………………萩原印刷
製本所………………ナショナル製本

造本には十分注意しておりますが、万一、落丁、乱丁などの不良品がありましたら、「業務部」あてにお送りください。送料小社負担にてお取り替えいたします。

Printed in Japan　ISBN978-4-396-11234-9　C0295

〈祥伝社新書〉
好調近刊書――ユニークな視点で斬る!――

149
台湾に生きている「日本」
建造物、橋、碑、お召し列車……。台湾人は日本統治時代の遺産を大切に保存していた!
旅行作家 片倉佳史

151
ヒトラーの経済政策 世界恐慌からの奇跡的な復興
有給休暇、ガン検診、禁煙運動、食の安全、公務員の天下り禁止……
フリーライター 武田知弘

159
都市伝説の正体 こんな話を聞いたことはありませんか
死体洗いのバイト、試着室で消えた花嫁……あの伝説はどこから来たのか?
都市伝説研究家 宇《う》佐《さ》和《わ》通《つう》

160
国道の謎
本州最北端に途中が階段という国道あり……全国一〇本の謎を追う!
国道愛好家 松波成行

161
《ヴィジュアル版》江戸城を歩く
都心に残る歴史を歩くカラーガイド。1～2時間が目安の全12コース!
歴史研究家 黒田　涼

〈祥伝社新書〉
話題騒然のベストセラー！

042
高校生が感動した「論語」
慶應高校の人気ナンバーワンだった教師が、名物授業を再現！
元慶應高校教諭 佐久 協《やすし》

188
歎《たん》異《に》抄《しょう》の謎《なぞ》
親鸞をめぐって・「私訳 歎異抄」・原文・対談・関連書一覧
親鸞は本当は何を言いたかったのか？
作家 五木寛之

190
発達障害に気づかない大人たち
ＡＤＨＤ・アスペルガー症候群・学習障害……全部まとめてこれ一冊でわかる！
福島学院大学教授 星野仁《よし》彦《ひこ》

192
老後に本当はいくら必要か
高利回りの運用に手を出してはいけない。手元に１０００万円もあればいい。
経営コンサルタント 津田倫《みち》男《お》

205
最強の人生指南書
佐藤一斎「言志四録」を読む
仕事、人づきあい、リーダーの条件……人生の指針を幕末の名著に学ぶ
明治大学教授 齋藤 孝